ライブラリ 経済学15講 APPLIED編 ❼

日本経済論 15講

脇田 成 著

Fifteen Lectures on
Japanese Economy

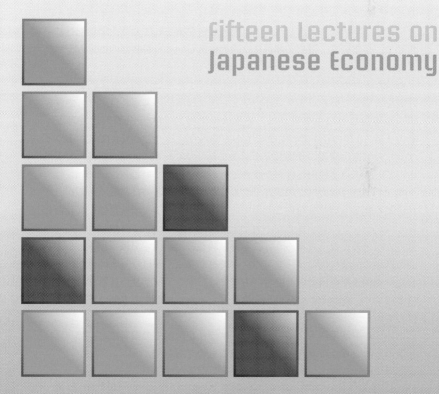

新世社

編者のことば

　『ライブラリ 経済学15講』は，各巻は独立であるものの，全体として経済学の主要な分野をカバーする入門書の体系であり，通年2学期制をとる多くの大学の経済学部やそれに準じた学部の経済学専攻コースにおいて，いずれも半学期15回の講義数に合わせた内容のライブラリ（図書シリーズ）となっている。近年では通年4学期のクォーター制をとる大学も増えてきているが，その場合には，15講は講義数を強調するものではなく，講義範囲の目安となるものと理解されたい。

　私が大学生のころは，入学後の2年間は必修となる語学や一般教養科目が中心であり，専門科目としての経済学は，早目に設置・配当する大学においても，ようやく2年次の後半学期に選択必修としての基礎科目群が導入されるというカリキュラムだった。一般教養科目の制約が薄れた近年は，多くの大学では1年次から入門レベルの専門科目が開講されており，学年進行に合わせて，必修科目，選択必修科目，選択科目といった科目群の指定も行われるようになった。

　系統だったカリキュラムにおいて，本ライブラリは各巻とも入門レベルの内容を目指している。ミクロ経済学とマクロ経済学の基本科目，そして財政学や金融論などの主要科目は，通常は半学期15回で十分なわけではなく，その2倍，3倍の授業数が必要なものもあろう。そうした科目では，本ライブラリの内容は講義の骨格部分を形成するものであり，実際の講義の展開によって，さまざまに肉付けがなされるものと想定している。

　本ライブラリは大学での講義を意識したものであるのは当然であるが，それにとどまるものでもないと考えている。経済学を学んで社会に出られたビジネスパーソンの方々などが，大学での講義を思い出して再勉強する際には最良の復習書となるであろう。公務員試験や経済学検定試験（ERE）などの資格試験の受験の際にも，コンパクトで有効なよすがになると期待している。また，高校生や経済学の初心者の方々には，本ライブラリの各巻を読破することにより，それぞれの分野を俯瞰し，大まかに把握する手助けになると確信している。

　このほかの活用法も含めて，本ライブラリが数多くの読者にとって，真に待望の書とならんことを心より祈念するものである。

浅子　和美

はじめに

　本書は日本経済を学習するにあたって，知っておかねばならないこと，知っておいたほうがよいことをまとめた書物である。どういう論争があり，この問題はどうなっているのか，そして解決のためにはどこがボトルネックになっているのか，大まかなイメージをまず掴んでもらうため，なるべく「忖度」せずストレートに，そして例え話と目の子の数字で説明するようにした。

　日本経済は永らく混乱期が続いたため，「非伝統」や「逆」と言われるような異例な政策や事態が常態化しており，問題の所在をつかむには既存の分析だけでは不十分なことが多い。エコノミストも経済学者も手順通りにやってはいるのだが，分析の多くは政策論の既存の伝統的「型」を出ないため，マクロ変数逆流という変化に対応できていない。その結果，一国全体として分析と政策がちぐはぐな状況となっている。しかし現状を率直に認識すれば，日本経済に対して「できること」はいくらもある。

　そこで本書の各講末尾には政策的に「できること」をまとめておいたが，それは多分に筆者の考えであり，より重要なことは読者が自ら問題点を把握することである。本書の記述のほとんどは公表データをもとに考察しており，疑問を持たれた読者はデータをダウンロードしてグラフを描き，是非とも自分で真偽を確かめてほしい。政策当局も自らの応援団ばかりを頼りにせず，より広く国民の「納得」という側面を重視してほしいと思う。

　ピケティやシムズなど，海外の著名な経済学者の議論をもとに談論風発も結構だが，それは自国が少しずつ自壊している事態から目をそらしている気味がある。専門家と言われる人も政府の意向や海外学界の評価ばかりを目標とせず，もう少し自分自身の問題として日本経済の行く末を考えてほしいものだ。これでは日本経済の特徴を見過ごしてしまい現実に多くの人々が困ることになる。

筆者としては日本経済の現状認識をもとに，今後どうすればよいのか，読者自らが考えてほしいと思っている。本書がその際の判断材料を提示したガイドブックとなれば，筆者としては望外の幸せである。

　本書の執筆にあたって新世社の御園生晴彦氏，谷口雅彦氏，彦田孝輔氏には丁寧な校正をはじめとしてたいへんお世話になった。感謝いたします。

2018年10月

脇田　成

目　次

第1講　日本経済はどう変動してきたか　1
- 1.1　停滞の経緯　1
- 1.2　短期・中期・長期の変動区分　5
- 1.3　曲がり損なう日本経済　10
- 1.4　まず頭に入れておいてほしいこと　14

第2講　準　備：最小限のモデルとデータ　20
- 2.1　マクロ経済理論の基礎：価格調整か数量調整か　20
- 2.2　目の子で把握するマクロ変数　27
- 2.3　経済変数の変化率：脱経済成長は可能か　32

第3講　景気循環パターンの実務家的把握　35
- 3.1　二段ロケットでとらえる景気循環パターン　35
- 3.2　景気の山谷と在庫循環図　40
- 3.3　労働保蔵と規模の経済　44
- 3.4　実務家思考の4つの問題点　48

第4講　停滞の真因：貯蓄主体化した日本企業　50
- 4.1　増大する企業貯蓄と3つの吸収手段　50
- 4.2　先行できない設備投資　56
- 4.3　企業ガバナンスの「本音」と「建前」　60
- 4.4　まず「できること」は賃上げ　66

第5講　好循環をもたらすマクロのリンク：家計への波及　68

- 5.1　マクロ経験法則 ——— 68
- 5.2　労働市場への数量的リンク：オークンの法則 ——— 70
- 5.3　名目体系と物価へのリンク：フィリップス曲線 ——— 73
- 5.4　持続的な好循環をもたらすために「できること」 ——— 78

第6講　金融（1）：デフレーションと貨幣数量説　81

- 6.1　貨幣は万能引換券 ——— 81
- 6.2　貨幣数量説はどのくらい当てはまるのか ——— 83
- 6.3　信用創造の教科書的説明 ——— 85
- 6.4　ゼロ金利政策と量的緩和の具体的意味 ——— 88
- 6.5　ニューケインジアンモデルは何をとらえているか ——— 92
- 補論　貨幣数量説の成り立ちと日本経済 ——— 94

第7講　国際貿易構造の中の日本経済　96

- 7.1　国際的側面の2つの論争点 ——— 96
- 7.2　国際収支の直観的理解 ——— 100
- 7.3　日本の貿易構造：ものづくり国家とは何か ——— 102
- 7.4　連動する世界景気と日本の選択 ——— 107

第8講　国際金融市場が課すグローバルな制約　111

- 8.1　実質利子率均等化と金融政策の限界 ——— 111
- 8.2　誤　算：なぜ予想インフレ率が高まらないのか ——— 116
- 8.3　資産価格変動の海外からの波及 ——— 118
- 8.4　国内で「できること」と「できないこと」 ——— 121

第9講　金融（2）：アベノミクスの誤算と異次元緩和 ―なぜ物価は上がらなかったか―　124

- 9.1　リフレ派の日銀乗っ取り劇 ── 124
- 9.2　日銀理論からの反論 ── 128
- 9.3　異次元緩和の出口戦略 ── 133
- 9.4　金融政策で「できること」と「できないこと」── 136

第10講　労働市場（1）：格差社会と非正規雇用　140

- 10.1　非正規雇用と格差社会 ── 140
- 10.2　失業率と非正規雇用の推移 ── 143
- 10.3　兼業農家化する非正規雇用 ── 145
- 10.4　女性労働とM字型カーブ ── 150
- 10.5　個別紛争はリストラからハラスメントへ ── 154

第11講　労働市場（2）：賃上げはなぜ必要か　156

- 11.1　大企業の内部労働市場 ── 156
- 11.2　マクロ的労働慣行と春闘 ── 163
- 11.3　労働市場改革：マクロで「できること」ミクロで「できること」── 170

第12講　政府の役割と財政危機　175

- 12.1　財政の現状 ── 175
- 12.2　急性危機と慢性衰退の区別 ── 182
- 12.3　慢性衰退とフローとストックの誤差 ── 184
- 12.4　財政健全化のために「できること」── 188

第 13 講　人口減少と年金維持　　195

13.1　社会保障の手段：勤労かベーシックインカムか — 195
13.2　公的年金の三階建ての構造 — 198
13.3　少子化と家庭の変容 — 202
13.4　やれば「できる」少子化克服 — 208

第 14 講　地方経済の「壊死」と医療介護の疲弊　　211

14.1　地方経済の壊死 — 211
14.2　情報の非対称性から見た医療と介護 — 215
14.3　地方の福祉で「できること」 — 221

第 15 講　日本経済に何をなすべきか　　224

15.1　経済政策の誤算 — 224
15.2　経済学的分析の問題点 — 229
15.3　政策的に「できること」と「できないこと」 — 233
15.4　長期的な政策：イノベーションと分配 — 235

索　引　241

第1講
日本経済はどう変動してきたか

■バブル崩壊以降，日本経済はなぜ停滞してきたのか。その停滞の原因はどこにあるのか。そしてこのような「失敗」はこれまでにもあったのか。マクロ経済の短期（サイクル）・中期・長期（トレンド）の時期区分と共に考える。

1.1 停滞の経緯

■ バブル崩壊と企業の要塞化

近年，日本では異例の経済政策が導入されている。

- 2013 年以降，逆所得政策の名称で政府は財界に賃上げを要請し，
- 2016 年には日本銀行は資金の出し手に不利なマイナス金利を導入した。
- 1998 年より長引いたデフレーション

を考え合わせると，マクロ経済における三大価格水準（一般物価・賃金・利子率）の動きはすべて通常と逆である。

なぜこんなことになったのだろうか。ここ 30 年ほどの日本経済の激しい動きを振り返ると，やはり 1990 年，91 年を中心とするバブルとその崩壊と，その後の金融危機による停滞の影響が大きい。1997 年には不良債権の先送りが限界となって，金融機関が相次いで破綻し，金融危機が勃発した。これ以降，日本企業はあてにならない銀行を見切って，財務基盤強化にまい進した。さながら要塞を固めるように，銀行から借金はせず，人件費は抑えてきた。図 1-1 が示すように，

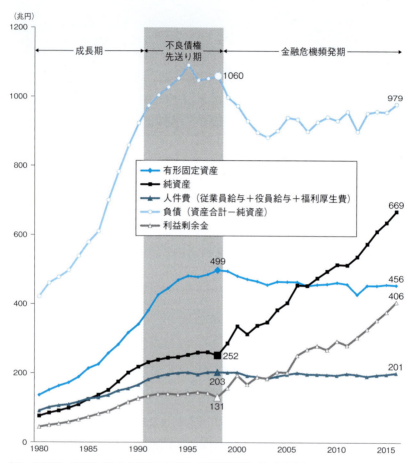

図 1-1　増加する純資産と減少する負債・固定資産・人件費

● 人件費（賃金）や有形固定資産（設備投資）は横ばい

である一方，企業の利潤はすべて内部留保（利益剰余金）を中心に

● 企業純資産の大幅積み増し

に集中させた。この結果，確かに企業の倒産は減った（**第4講 図4-2**）。しかし現在では企業の自己防衛努力が過剰なあまり，日本のマクロ経済は縮小均衡に陥っており，伝統的なマクロ経済政策は無力化している。人件費停滞が回りまわって，経済全体の需要を低下させ，採算の取れない設備投資はさほど増加しない。つまり個別の企業延命のための合理的な行動が，日本経済全体では好ましくない結果をもたらす「合成の誤謬」が生じている。

■ 後手後手に回る政策対応

もともとバブルが生じた理由は1980年代の政策の失敗だ。巨額貿易黒字が生じたこの時期，米国の反発への対応策として内需拡大がとられたが，その行き過ぎからバブルが生じた。

この「行き過ぎ」というところが日本経済を理解するポイントだ。表1-1に示されるように日本経済はジグザグに進み，その動きに対応する経済政策

表1-1　バブル以降の経済状況：病状と治療・スローガンと副作用

時期	「病状」	スローガンと「建前」	「治療」と副作用
[Ⅰ] ～91年 バブル発病	●貿易黒字 ●プラザ合意による円高	●国際政策協調 ●資産倍増計画	●過剰な金融緩和 ●バブル誘発
[Ⅱ] ～97年 バブル崩壊後の一進一退期	●不良債権生成 ●問題先送り	●日米構造協議	●430兆円の公共投資計画 ●財政状況悪化
[Ⅲ] ～03年 不良債権処理期	●金融危機	●小泉・竹中構造改革 ●小さな政府 ●成果主義	●非正規労働急増・格差社会へ ●デフレーション
[Ⅳ] ～08年 小康期	●外需主導好況	●世界好況下のグローバル化	●ベアゼロ春闘，内需停滞
[Ⅴ] ～12年 リーマンショックから民主党政権へ	●世界的金融危機による輸出急減 ●財政出動	●格差是正と北欧型福祉国家 ●事業仕分け ●税と社会保障の一体改革	●社会保障に反感 ●財政悪化
[Ⅵ] アベノミクス	●異次元緩和	●三本の矢 ●賃上げ好循環 ●新三本の矢（社会保障改革・人口減少対策）	●円安株高 ●消費税増税 ●金融政策の出口戦略

1.1　停滞の経緯　　3

には「本音」と「建前」（あるいは顕教と密教という言い方もあった）がある。大きな事件が起こると，それへの「治療」から，副作用と反発を生む。各講で詳しく説明するが，とりあえず問題を列挙してみよう。

- バブルの崩壊期には，成果主義が唱えられたが，このスローガンを利用して不良債権処理と（便乗）リストラが行われた。
- 厳しい不良債権処理を経て，小康期には，増大しすぎた非正規雇用を中心に格差社会論が盛んとなったものの，深刻な困窮層が注目されたことで，労働組合は賃上げの気勢をそがれ，内需は停滞した。
- リーマンショックによる経済危機と巨額財政出動から，民主党政権時には税と社会保障の一体改革が策定され，消費税増税が決定された。
- 第二次安倍内閣により掲げられたアベノミクスではインフレ目標のもと金融緩和でデフレ脱却を目指したが，実際は資産市場に生じた円安株高が重要であった。
- アベノミクスは第一次安倍内閣時（2006〜2007年）と異なり，徐々に分配重視となって政策は左方向に伸びた結果，これまでの反対勢力は混乱している。

　表面上の政策スローガンをそのまま受け取るだけでは，以上のような事態の推移は理解できない。また「治療策」も本当は意図したものではなく，怪我の功名かもしれない。多くのスローガンは一部勢力の陰謀などではなく，人々にとって使いやすく都合がいいから（つまり不良債権処理期には「成果主義」を唱えれば部下をリストラしやすいから），一般に使われるようになった自然発生的なものだ。一方で，大きなスローガンは建前のもと幻想を含み，その結果として一方向に振れやすく，反動もまた大きいのが日本の経済社会の特徴である。このままでは困るわけで，現実の構造の認識を深めて「振れ」を小さくしていく必要がある。

■ 暴走する応援団

　「振れ」を激しくするのは論争の内実もある。バブル崩壊後の停滞を巡って，激しい経済論争が行われた。一方は金融緩和が足らないとするリフレ派

であり，もう一方は企業内の組織を引き締め生産性上昇を目指す構造改革派である。これらの議論はビジネス誌やインターネット上では激しかったが，必ずしもその主張に日本経済の丁寧な分析が結びついていたわけではない。誤解を恐れずに言えば，むしろ両派の応援団にとって，事実と解決策はどうでもよかったと言える。

　以前の日銀総裁が無能だった，とあからさまに罵る「リフレ派」はボトムアップな志向が強い。一方，下の者の首を切れない，部下が働かないことにいらだち，生産性向上を唱える「構造改革派」はトップダウンというか上から目線的である。多くの人々は閉塞した組織の中で生きており，停滞した日本経済の中で，自らのポジションを両者のいずれかに投影して共感していただけである。

　こういった論争のかなりの部分は，真実を追求するというより，いつのまにか「娯楽」となってしまっており，論者も立場を決めて与えられた「役割」を果たすことが多い。純文学と大衆文学の区別を借りれば，経済論争にもヒーローが活躍するエンタテインメントの部分が多いのである。しかし「娯楽」だけでは真実に近づけないし，有効な対策も打てない。

　組織内の上下関係や，資本主義対社会主義という対立だけで，多くの経済問題を割り切ることはできない。多くの人は若い時には平等志向であったとしても，能力差が目立つ中高年となり地位ができると，自分の能力を過信しトップダウン的思考が強くなる。しかし開発途上国に生まれれば，日本で生まれたようには活躍できないように，個々人の考え方を越えてマクロ経済環境は決定的な意味を持つ。そこで本書ではどのようにマクロ経済環境を良くするか，という側面に力点を置きたい。

1.2　短期・中期・長期の変動区分

■ バブル以前と以後の変容

　冒頭に示した企業要塞化と合成の誤謬のストーリーを生産データ上で位置づけてみよう。図1-2はここ40年の経済産業省発表の鉱工業生産指数（季

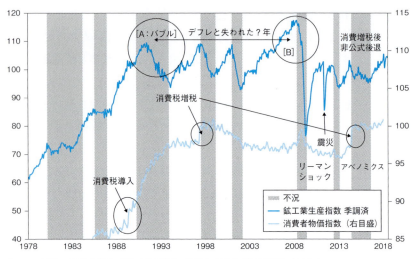

（データ出所）　経済産業省「鉱工業指数」，総務省「消費者物価指数（CPI）」

図1-2　短期在庫サイクルと中期デフレ

節調整済）をプロットしている。ここで気がつくことは，経済には大きな流れを示すトレンドとは別に，ギザギザの動きのサイクルがあることだ。だいたい4〜5年の周期でマクロ経済はそのようなサイクルを描いている。そこでマクロ経済学や計量経済学的分析では

[1] 通常の4〜5年のサイクル的な景気循環（高周波）を前提として，
[2] 複数のサイクルを貫くトレンド的（低周波）な要因を考慮する。

　サイクルの様相はバブル以前と以後で異なる。90年代以前の安定成長期には，成長が足踏みした時期が不況だったが，90年代は不況によって成長の頭を押さえられ，成長率が低下した形となっている。「洗面器の中のカニ」が這い上がろうとして，滑り落ちる姿となっているのである。さらに景気上昇の初速はそれほど変わらない一方，後退期には失速してマイナス成長となる程度が大きく，速くなっている。

　さらに90年頃のバブルを契機として，日本経済は言わば直角に曲がって

6　　第1講　日本経済はどう変動してきたか

表 1-2 短期・中期・長期

波の種類	データに見られる「病状」	「診断」	「治療」
ギザギザの線で表された**短期サイクル**（景気循環論）	●4～5年の景気循環	●世界景気連動・輸出主導の在庫循環	●ケインズ的金融財政政策 ●サイクル対応に限界？
これまで無視されがちな**中期トレンド**	●バブル崩壊後の**失われた10年** ●リーマンショック後の世界金融危機	●**不良債権問題** ●**企業の借入返済** ●**企業貯蓄増大**	●不良債権処理 ●金融監督体制の刷新 ●金融緩和（長短金利差拡大）による銀行支援
まっすぐの線で表された**長期トレンド**（経済成長論）	●持続的成長率の低下 ●地方の衰退	●**少子高齢化** ●（技術進歩）	●少子化対策 ●社会構造の変革？ 税制・制度改革 ●イノベーション促進策と平等？

「失われた10年」が始まっている。具体的な内容は**第4講**などで議論するが，通常の**在庫循環**（短期），**少子化トレンド**（長期）と区別して，バブル崩壊以降の金融面から生成された波として

[3]　「失われた10年あるいは20年」と呼ばれた停滞トレンドを**中期の波**

として本書では考える。自動車や部品の在庫増大は形のあるモノだから，政府が買い取って処理するわけにはいかない。そのため企業が生産を調整して在庫を減らすしかないため，景気循環のパターンが把握しやすい（**第3講**）。しかしバブルや金融危機は，証券という紙切れや電子データによるものだから，政府が介入して資金供給するなど下支えが（少なくとも一時的には）できないわけではない。この点が中期の不確実性をもたらす要因である。

現実の経済変動は3つの波が重なったものとして見る。**表1-2**は3つの波と「病状」・「診断」・「治療」をとりあえずまとめてある。

■ 病状を段階別に理解する

経済変動を短期・中期・長期に区分するなら，経済に加わるショックも将来の予測のためには区分が必要だ。「危機に対応するためには△△政策を打

たねばならない」などと言われるが，実際にどのような危機に備えているのかがわからない場合が多い。さしあたり分類の基準は「急性の（中期）金融危機」と「実物的な（長期）慢性衰退」と「（国）内発的」か「外発的」かだろう。

> ① 外傷：リーマンショックのような海外発の金融危機
> ② 発作：バブル崩壊・財政破綻のような内発的な金融危機
> ③ 老化：人口減少のような慢性的で内発的な衰退
> ④ 再生：（技術革新から生じる）世界的な長期停滞の危機）

対応策は危機予防策と体力増強策に分ければよいだろう。具体策は各講にて考察するとして，本書では何の危機に備えるのか，を意識して議論したい。

■ サイクルとトレンドの誤認

さて，（4〜5年の）サイクルと，（中期・長期の）トレンドの区別はマクロ経済理解の上で，決定的に重要だ。通常，景気が良ければサイクル的な数字は劇的に改善する。

- 設備投資や在庫投資といった景気循環の主役が上昇するのみならず
- 80年代には貿易黒字減らしのための内需拡大が，バブルを呼び
- 税収増加が財政再建の甘い見通しをもたらした。

これらは後の各講で説明するものの，多くの場合は一時的な改善に幻惑され，逆に抜本的な改革を先送りする結果をもたらした。

以上はサイクルをトレンドと見誤る場合だが，トレンドをサイクルと見誤る場合はより深刻だ。図1-3では地価（市街地価格指数）をプロットしている。バブル崩壊後の地価下落が銀行の不良債権を呼び，「失われた10年」をもたらした。問題先送りの主因は「土地神話」にあった。戦後，ほぼ一貫して地価は上昇を続けたため，バブル崩壊後の経済の不振時も，地価下落は一時的なものでありいずれ地価が上昇し，土地担保のもとで損失は回収できると考えて，政府や多くの企業は判断を誤ったのだ。

以下のスーパーマーケットの戦略の違いは示唆的だ。

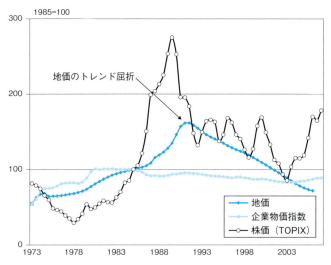

図 1-3　なめらかに動く地価とギザギザに動く株価(1985 年＝100)

- バブル以前にはダイエーは急拡大を遂げていたが，それは土地を購入し，その担保価値の増大でさらに銀行借入を増やすというビジネスモデルが地価上昇にマッチしたからだ。一方，
- イトーヨーカドーは土地を購入せず借りていく方法をとり，デフレ期になってより拡大した。

サイクルをトレンドと見なす誤りは，景気が転換すれば間違いがまだわかりやすい。しかしトレンドをサイクルと見なす誤りは，失われた 10 年の経験からわかるように，なかなか厄介だ。

練習問題

図 1-3 を見て，1990 年当時に地価のトレンドを判断し，自分の家を買うかどうか考えよう。

1.3 曲がり損なう日本経済

■2つのトレンドの変化

バブルとその崩壊による停滞はサイクルをトレンドと誤認した極端なケースと言える。実はバブル以前にも日本経済は大きな混乱を経験した。図1-4は戦後の実質GDPのレベルを示している。ここで気がつくのは，一つのなめらかな曲線に沿って，3つの大きなトレンドに分かれていることだ。それぞれ

[1] 戦後復興から高度成長期
[2] 大インフレーションと石油危機後の安定成長期
[3] バブル後の「失われた10年」

の3つの時期だ。そしてこの3つの時期を区分する「大事件」は

- 1973年からの大インフレーションと，
- 1990年前後のバブルとバブル崩壊である。

このような屈折をどうとらえるべきか。大インフレやバブルのような大事件の後遺症で日本の経済成長率は恒久的に低下したのだろうか。筆者にはそうは思えない。本来，徐々に低下すべきであった経済成長率を無理に維持しようとして，乱暴な政策手段をとった結果が，大きな揺り返しを招いたと考えられる。この大きな揺り返しの時期が「中期」であり（表1-2），「失われた10年あるいは20年」と言えるものだろう。

■バブル以前の戦後日本経済

バブル期以前の日本経済を考える場合，以下の3つの時期に分けることができるだろう。

[1] 経済復興期：戦後改革（財閥解体や農地改革）とハイパーインフレーション（1945年～1955年）

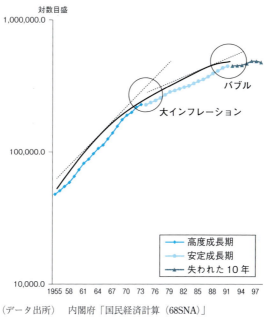

（データ出所）　内閣府「国民経済計算（68SNA）」

図 1-4　曲がり損なう日本経済

[2]　**高度成長期**：高度成長と二重構造（1955 年〜 1975 年）
[3]　石油危機（サプライショック）後の**安定成長期**（1975 年〜 1985 年）

　復興期には戦後改革が日本経済の発展を準備した一方，1945 年から 49 年には，現在の低開発諸国のように物価が 60 倍になるほどのハイパーインフレーションが生じた。高度成長期に成長がもたらす負の側面と当時考えられていた「二重構造（近代的大企業と前近代的零細企業や農業の併存）」は，現在の「格差」社会とも共通点を持つ。第 3 期として，石油危機をうまく乗り切った日本経済の 80 年代は，優れたマクロ・パフォーマンスが世界の賞賛を浴びた。しかしその過信がバブルとバブル崩壊につながっていった。こう考えると，歴史に学ぶことは多いようだ。

■70年代の混乱と80年代の絶頂期

　70年代を振り返ると，石油危機の当初，日本経済はどん底に陥ったが，スタグフレーション（インフレ下での失業増大）に苦しんだ世界の諸国と比べ，最終的にはうまく乗り切った。80年代は言ってみれば，日本の絶頂期と言ってよい。インフレ率・失業率が共に低く，ミクロ面では日本的経営方式が世界で賞賛された。なお日本経済の国債依存度は1977年度に30％台になった。1981年度から財政再建が大きなテーマとなり，増税なき財政再建の道が1987年5月までとられた。

［安定的な金融政策］　第1次石油危機（1973年）以降，日本銀行はマネーサプライ増加率を厳しくコントロールし，「マネタリストよりマネタリスト的」と言われる慎重な金融政策をとった。

［貿易摩擦］　一方で問題となったのは貿易摩擦であった。日本の集中豪雨的輸出が欧米で貿易摩擦を引き起こし，自主規制により輸出の拡大を抑えていたのが当時の状況だった。その背景には少子高齢化による貯蓄過剰からなる貿易黒字があった。

　ところが日本経済はせっかくの良好な状態を，貯蓄過剰という言わば贅沢病からバブルとバブル崩壊で台無しにしてしまう。

■プラザ合意と金融緩和

　一方，米国ではレーガン政権の減税策以来，巨額の財政赤字が生じ，そこから生じた高金利がドル高をもたらしていた。これは米国の巨額の財政赤字を織り込まない維持不可能な言わば異常な事態と考えられ，この事態を打開するため，先進5か国の財務首脳がニューヨークのプラザホテルに集まり，ドル高修正を合意した。いわゆるプラザ合意である。

　この結果，ドル／円レートは235円から120円にまで，1年間に急上昇して円高不況が短期間到来したが，これに対し日本銀行は公定歩合の5度にわたる連続的な引き下げなど金融緩和で応じた。そして1987年10月の米国の株価急落，いわゆるブラック・マンデーは，米国景気への配慮から日銀の金融引き締めを難しくした。背景には当時叫ばれた「国際政策協調」と「内需

拡大」という問題がある。

■ バブルと金融引き締めの遅れ

このようなプラザ合意を背景にして，日本のバブルが生まれた。バブルの直接的な経緯は

> [a：金融政策] 日本銀行が金融緩和政策を行い，
> [b：間接金融] 「銀行セクター」に「金余り」をもたらし，
> [c：土地問題] 「不動産業者」など企業部門を中心に民間セクターが「投機行動に走った」

からだ。また当時の澄田日銀総裁が，公定歩合を1987年2月に2.5%に引き下げてから，1989年5月に3.25%に上げるまで，2年以上低金利を据え置いたことが致命的な失敗であった。

しかしこれは表面的な経緯であって，最大のポイントは日本銀行が何を見て景気を判断し，政策を遂行するか，つまりビジネスモデルならぬ政策モデルにある。「物価安定」を第一目標に考える伝統的な中央銀行の観点からすると，たとえ資産価格が高騰していても当時は物価指数が安定しており，金融引き締めの時期ではなかったといえることが真の問題だろう。

さらに日本経済は土地本位制と呼ばれるように，銀行貸付は土地担保融資が中心だ。統計に表れない担保であっても，銀行融資には個人保証が求められるなど不動産の役割は大きい。また当時の日本経済は少子高齢化による貯蓄超過からストックへの関心が強まっていたということが見逃せない。

■ バブル期になぜ曲がり損なったのか

もともと日本のバブルの原因として，①金融緩和と②強気の期待の2つの要因を考える場合が多い。しかし金融緩和は本来，弱気の見通しのもとでなされるわけだから，この2つの要因は矛盾している。

この矛盾を整合的に理解するためには以下のように考えればよいだろう。弱気の期待のもとでまず金融緩和がなされ，弱気が解消されて強気の期待が生まれたが，金融引き締めが遅れた過剰流動性のもとで，資産価格は高騰し

たと考えることができる。つまりバブルには当初の円高不況回避の金融緩和と，好況到来後の遅れた引き締めの両者の要因が共に必要であることがわかる。こう考えると，70年代の超インフレとバブルには，円高という懸念材料があり，金融緩和をやりすぎたという共通要因がある。

■ 内需軽視の帰結としてのリーマンショック

2008年に発生したリーマンショックへの対応にも，政策理念が一方向に振れすぎていたという欠点が見受けられる。日本は米国のように金融危機の震源地でもなく，欧州のように破綻金融機関に大規模な出資をしていたわけでもない。ところが40兆円もの輸出減少という大きなショックに見舞われ，日本経済は厳しい不況に陥った。これは海外からやってきた不可避のショックだけではなく，2000年代を通して続いてきた内需軽視という政策がもたらした人災だ。各講で説明するように，輸出依存の産業構造（**第7講**）と企業財務体質強化一辺倒（**第4講**）が内需を弱体化させ，そこにショックが来たのである。あわてた政府は自動車や家電消費にエコポイントという補助金を与える奇策を打ち出したが，現状の産業構造の把握がなされておらず**第7構図7-4**にあるように音響製品では輸入が増加して，GDPを引き下げるほどであった。以上の経緯をまとめると，消費・公的部門を軽視し，輸出のみを重視するという選択と集中の結果がリーマンショックによる日本への影響を増幅させたと言える。

> **練習問題**
>
> 大学生の就職状況は景気に左右される。文部科学省の「大学等卒業予定者の就職状況調査」を見て，景気と就職率の関係について調べてみよう。

1.4 まず頭に入れておいてほしいこと

データを見て刻々状況を判断するのではなく，大きな方向性を（乱暴に）打ち出して，皆で殺到するという習性が，マクロ経済のとらえ方に惰性や慣

性をもたらし，日本経済は曲がり損なってきた。以上の経緯と共に，本書で日本経済を分析するにあたって，まずいくつか頭の中に入れておいてほしいことがある。

■ 経済学の理論モデルはなぜわかりにくいのか

本書は経済学に基づいた日本経済の分析のための教科書だが，そう難しい数学やモデルを使うわけではない。経済学は難しい，わかりにくいと言われるが，その理由は経済学のモデル分析が連立方程式体系でなされるためだ。

経済学の数学モデルとは，GDP や失業率，インフレ率や利子率など，マクロの数字，つまり集計したり平均したりした経済諸変数の相互依存関係や，どの変数が先行し，どの変数が遅行して動くか（先行遅行関係）を，主として連立方程式（IS-LM 分析などの静学分析）や連立差分方程式（動学分析）で表したものだ。

より噛み砕いて言うと，つまり a1，a2，a3 という理由を示す外生変数があって，b1，b2，b3 という結果を示す内生変数がある。これらの変数の関係には相関関係もあり，因果関係もある。つまり複数の変数と複数の変数の対応，ベクトルである。

小学校で方程式を習う場合，「亀の足は何本で……」という文章題になると，途端に解けなくなる子どもがいるが，経済学の難しさはそれに似ている。普通の会話や文章では，理由は１つ，結果が１つの因果関係で示されることが多いが，経済学では全体を一通りとらえないと理解できない。絵巻物を順に見るのではなく，全体を鳥瞰する必要がある。ネット検索してピンポイントで得られる情報だけでは，理解が点になってしまう。日本経済の大きな流れや背景を一通り頭に入れておかないと，現実の動きが理解できないし，また正しい判断も得られないのである。

■ 経済変数間のシステマティックな関係

連立方程式で表されるということは，経済変数間にはシステマティックな関係がかなり成立しており，経済分析はそれが前提に組み立てられていることを意味する。図 1-5 のグラフでは，実質 GDP 成長率と日銀短観の業況判

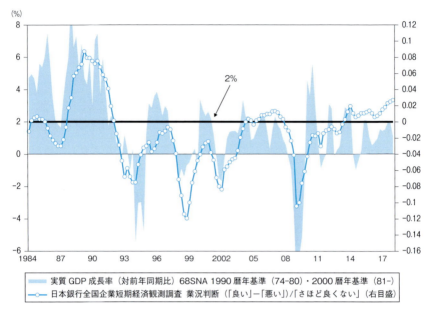

(データ出所）　内閣府，日本銀行

図 1-5　景気の主観判断（日銀短観）と実質 GDP 変化率

断がプロットされている。これを見るとわかるように，90 年代以降の実質 GDP 成長率は－1.5 〜 2％であり，明らかに 80 年代のバブル期以前の実質 GDP 成長率から低下している。さらに主観的な景気判断を表す日銀短観 DI が実質 GDP 成長率に密接に相関しており，90 年代は主観的にも不況あるいは低成長であることが示されている。

　またさまざまな政府見積もりは実質 2％成長を前提とすることが多い。2013 〜 14 年には日銀短観 DI がゼロを超え（「良い」と答える企業の割合が「悪い」と答えた企業の割合より多くなったポイント），同時に実質 GDP 成長率 2％を超えた（その後成長率は上下しているものの，そこで主観的には 2％が平常な成長率のポイントとなるだろう）。

　GDP が 500 兆円として，その 2％は 10 兆円だから，数兆円の規模で GDP が変動すると，景気の体感に影響することがわかる（オークンの法則（第 5

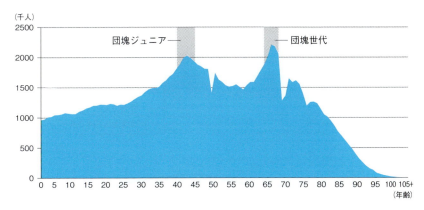

(注) 2015 年 10 月 1 日時点の総人口（日本における外国人を含む）。
(データ出所) 総務省統計局「平成 27 年国勢調査　年齢・国籍不詳をあん分した人口（参考表）」

図 1-6　コブを含む 2015 年の日本の人口構成

講）や企業利潤の動向も考察されたい）。

■ 人口変化の推移と将来予測

　成長率低下の背景にある長期変動は，日本社会の少子高齢化だ。周知のように，日本の人口は今後，大幅に減少してゆく。図 1-6 に示されるように，若年層において年齢が若いほど人口が少なくなっている。団塊ジュニアと呼ばれる 40 代前半の人たちの人口は 200 万人程度だが，20 年後に生まれた 20 代前半の人は 120 万しかいない。若年層においても年齢が若いほど人口が少なくなっている。こういった人口減少はたとえ出生率が反転したとしても避けられない。そこで未来への投資とも言うべき強力な少子化対策が何はさておき必要だ。

　問題を複雑にするのは，人口構成にはコブがあることだ。モデル分析では人口成長はまっすぐなトレンドと想定することが多く，データの解釈においてもコブには無頓着な場合が少なくない。戦後日本経済には人口や教育・労働の側面で大きな構成比の変動があり，それが分析に複雑さをもたらしている。特に人口では

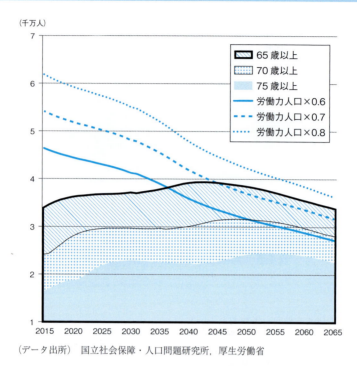

図 1-7 高齢者と労働力人口の今後の変化

[A：直線] トレンド（一直線）的な少子高齢化に加えて
[B：コブ] 高齢化した団塊世代（1946年から49年までに出生，図1-6 の65〜68歳に該当）が存在し，人口構成上の歪み期間（コブ）が存在

する。人口構成を表した図1-6 を見れば明らかなように，2015年の出生数（図の0歳に該当。10月1日時点）は100万人を割っているが，団塊層は200万人以上存在し，大きな違いがある。団塊世代を支えるべき団塊ジュニア層（1971から74年生まれ。図の41〜44歳）もある程度は人口が多いのだが，不況の影響もあり彼らは子どもを作っていない。老後の不安が日本を覆っているが，政府は家計に対して指針を示せていない。

図1-7 は国立社会保障・人口問題研究所の人口予測と厚生労働省の労働

力人口予測を統合して，現役世代と高齢者数の予測を示している．

- 山なりの面グラフで示される高齢者数のうち，75歳以上は2030年頃まで急速に増加するが，2040年頃から高齢者総数は頭打ちになって減少してゆくという予想が極めて重要だ．一方，
- 労働力人口（労働力人口＝15歳以上人口×労働力率）は現役世代の労働力率に依存するため，図上の折れ線グラフは労働者数の予測を表しており，労働力率（現状は約70%）が上昇するほど，折れ線グラフは上方に位置する．

現状の予測では，面グラフ（高齢者数）と折れ線グラフ（労働力人口）は乖離するのではなく収束していく形となっている．この点が，年金の賦課方式（第13講）が維持可能であると考えるなど，社会保障の将来予測の基礎となっている．また定年延長など労働力率増加に政府が懸命になる理由もこのグラフからわかる．

果たして政府の目論見どおりに行くのか，少子高齢化を乗り切れるのか，社会保障については第13講で議論するが，現状の日本経済の実力では増加する高齢者の生活を充分に保障するところまで到達していない．このことが日本経済のすべての側面に影響してくる．

第2講
準　備
：最小限のモデルとデータ

■経済理論と経済統計の最小限の基礎を学ぶ。どのように経済は動き，それを調べるためにどのように変数を分類するのか，そして経済変数やショックの大きさはどの程度なのか，をまず目分量で把握する。

2.1　マクロ経済理論の基礎
：価格調整か数量調整か

　第1講では日本経済の大きな動きを「失われた10年あるいは20年」と戦後の歩みに焦点を当てて説明した。これらの動きを整合的に理解するためには，マクロ経済学の理論モデルが必要だ。マクロ経済学は，経済における足し合わされたり平均をとったりした変数，つまり集計変数を扱う学問であり，第1講で述べた通り連立方程式を使って現実のデータを考察する。この構成の仕方，何を原因（外生変数）として，何を結果（内生変数）とするかは学派によって異なる。マクロ経済学では以下の3種類の理論モデルの理解が必要だ。

［A1］　短期としての新古典派マクロ経済理論
［A2］　短期としてのケインズ理論
［B］　　長期としての経済成長理論

　それでは，分析のためにはどのような集計変数を考察し，どのように方程式を構成すればよいのだろうか。

■ **クルーソーの選択でまず最小モデルを考える**

まず直観的に理解するために,マクロ経済分析モデルとして(貿易・企業・金融仲介がない)以下を考える。

[1] 孤島に暮らす(閉鎖経済・貿易なし)
[2] ロビンソン・クルーソー(自給自足で個人経営の農家・企業なし)が,
[3] コメのように消費にも貯蓄にも使える1種類の財(金融仲介なし)を生産する農業経済において
 ● コメは炊いて食べれば「消費」だし,
 ● 籾米として春に蒔くために置いておけば「貯蓄」だ。

両者にはトレードオフがある。コメを今食べ過ぎてしまうと将来のタネ蒔きの分が減ってしまうし,そうならば将来の収穫量が減ってしまう。一方,タネ蒔きのために取っておく分量が多いと,将来の経済成長は促進されるが,今の食事を切り詰めるのも考えものだ。このような消費と貯蓄の選択はマクロ経済における最重要課題であり,たとえクルーソーのように経済に一人しかいなくてもこの選択問題は生じてくる。

数式で表すと,

$$Y_t = F(N_t, K_t) = C_t + K_{t+1}$$

であり,この式は経済成長論で頻出する。ここで N は労働,K は資本財,C は消費財,F は生産関数,$Y_t = F(N_t, K_t)$ は生産量である。ここでは資本財も消費財もコメと考えており,去年($t-1$ 期)に残しておいたコメ K_t を使って,タネ蒔きをすると $F(N_t, K_t)$ だけ収穫が得られる。その収穫は,食べてしまった消費 C_t と,来年($t+1$ 期)のタネである K_{t+1} に分けられることになる。将来時点であまり収穫が見込めないなら,今の時点で貯蓄・投資を増やすことが必要だ。この問題はミクロ経済学でよく使われる二財モデルの図 2-1 で分析できる。

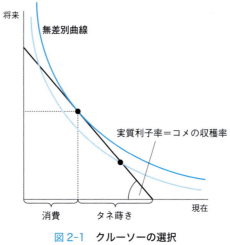

図 2-1 クルーソーの選択

■ 企業と分業の導入

　問題を複雑にするのは企業の存在である。クルーソーは一人で生活をしているので，収穫率を予測し，個人合理的にタネ蒔きと消費を行えばよく，他人との協調問題に悩むことはない。ところが現実の経済では，分業が生じて，企業というものが取引の媒介になっている。そこで時として個人と社会経済全体の合理性と効率性の乖離が生じ，いわゆる「協調の失敗」や「合成の誤謬」が生じる可能性がある。

　具体的に言えば，通常の経済モデルでは，企業という登場人物を導入して

- 家計が貯蓄した籾米（資金）を
- 銀行や証券市場など金融仲介機関を通して，
- 企業が借りて（設備）投資を行う

と想定する。この企業の登場は「貯蓄」する家計と「投資」する企業の分離（あるいは所有と経営の分離）を意味する。

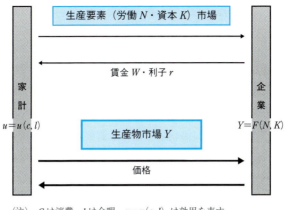

（注）　C は消費，l は余暇，$u = u(c, l)$ は効用を表す。

図 2-2　家計と企業の 3 つのやりとり

■家計と企業の 3 つのやりとり

　企業が導入されたことにより，家計と企業はヒト・モノ・カネの 3 つのやりとりをすることになる。

[a：ヒト]　失業率に代表される労働市場
　　　　　　（実質賃金 W/P を価格（調整）変数とし，余暇との代替を考察）
[b：モノ]　GDP（国内総生産）に代表される生産物市場
　　　（実質価格・利子率を調整変数とし，消費と貯蓄との代替を考察・IS 曲線）
[c：カネ]　インフレ率をもたらす貨幣市場
　　　　　　（貨幣と債券に代表される金融証券との代替を考察・LM 曲線）

　これらがマクロ経済を代表する変数である。なおこのヒト・モノ・カネの 3 分類はケインズ経済学の標準的理解である **IS-LM** 分析を説明するのには便利だが，ミクロ経済学的な新古典派経済学では，モノの生産物市場を消費財と資本財とに分離して消費財市場と資本財市場を考察することが多い。

■ 見方の違いはどこから生まれるのか

　この家計と企業の分離に対して，新古典派とケインズ派では見方が異なっており，そこに両学派の対立が生じる。

［A］　新古典派の見方は，分離があっても価格メカニズムが市場の不均衡を円滑に調整し，基本的に問題はないとするものだ。企業に貸し出された籾米は利子をつけて家計に返される。家計の籾米供給が多ければ利子率は下がるし，企業の籾米タネ蒔き需要が多ければ利子率は上がる。この利子を中心とした価格が需給の不一致を調整するので，家計の貯蓄と企業の投資は一致し，スムーズに経済成長していくと考える。

［B］　ケインズ的な見方では，分離があると悪循環が生じるため政府介入が必要となる。利子や価格の調整は非力であり，家計は企業の投資需要と関係なく貯蓄を決めるので，時として貯蓄過剰が生じてしまう。つまりコメが刈り取られなかったり，蒔かれず退蔵されたりして，家計や金融機関に滞留してしまう。この場合，貯蓄超過は消費需要減少を意味し，企業は雇用や投資を削減してしまう。その結果，（ここが混同しやすいところだが）農作業による労働需要は減少して不況になるばかりか，タネ蒔きをしないので長期的な成長可能性も損なわれてしまい，マクロ経済的には悪循環が生じてしまう。

　このように家計と企業の分離によって貯蓄投資プロセスの悪循環が生じるとするか，あるいは金利の調整で生じないとするかが，2つの学派の対立点である。ケインズ的な見方の背後にあるのが有効需要の原理であり，産出量は需要側（貨幣的支出の裏付けのある有効需要）により決定されるとする。つまり（刈り取った）産出量は（コメを食べた）消費と（籾米を蒔いた）投資を足した数量で決定されるので，投資に回らない家計や企業の貯蓄が大きいほど，需要が減少し産出量は減っていく。

■ 政策提言の違い

　悪循環が生じた場合，ケインズ派の処方箋は

- 籾米を政府が借りて（国債発行）蒔く（政府支出増大）という財政政策と，
- 籾米の貸借料（利子率）を政府が低く抑える金融政策

という政府介入策である。ニューケインジアンモデルも金利の調整を最重視している。しかし現実の日本経済では公的債務増大やゼロ金利で介入策は限界であることは周知の通りである。また**第1講**で経済変動をトレンドとサイクルに分類した。財政金融政策でサイクルを均すことは可能だが，トレンド低下を持ち上げることはできない，と考えるのが一般的である。蒔くべき籾米が減りだすと，短期間で増やすことはできない，と考えればよい。

　なお，以上のモデルは貿易や為替レートのない閉鎖体系モデルであり，日本経済にそのまま適用できないことも注意すべきだ。

練習問題

　多くのマクロ現象は貯蓄と投資に関わっている。以下の事象について細かく内容を説明する余裕はないが，クルーソーの寓話に即して，何が問題か考えてみよう。

- 米国のFRB（連邦準備制度理事会）議長が利上げにこだわるのも，非伝統的金融政策をやめて，リーマンショック以前の金利の上げ下げの伝統的手法でもってマクロ経済を充分調節できた時代に戻りたいからであり，
- 中国経済の将来に懸念が高まる理由は，資本財の中身が使われない建造物であり，言わば発芽せず収穫できない籾米であるからである。
- 1930年代に成立したケインズ経済学の意図は英国における利子生活者の「安楽死」であるし，
- 1980年代にGDP比4%前後の日本の貿易黒字が批判されたのも，輸出超過は海外に貯蓄していることを意味するからであり，
- 近年，ユーロ圏でドイツ一人勝ちが批判される理由も，巨額の黒字にある。

■ 経済変数の先行遅行関係

　悪循環か好循環かをめぐる学派の見方の違いは，各市場の調整速度と経済変数の先行遅行関係の想定の違いと考えることもできる。ヒト・モノ・カネで分類すれば

- ヒト（労働）の調整は遅くかつわかりやすい
- モノ（生産物）の調整は在庫でわかる
- カネ（金融）の調整は機動的だが予測できない，とまとめられる。

ケインズ的 *IS-LM* 分析は時間の流れのない静学モデルだが，①労働市場は生産物市場の派生需要として捨象し，②利子率など資産価格の反応は早いが，③生産物価格の反応は遅い（名目価格の硬直性）モデルと考えることができる。つまり

- すべての価格が同時決定される新古典派のモデルに対し
- 価格の調整速度の違いや順番があり，資産価格から生産物価格の順で変化することを静学モデルでとらえる考え方がケインズ経済学であると解釈も可能である。

もう一点，価格変数の調整のあり方については国際経済の影響が重要だ。景気循環の各局面で数量変化に先行して価格変数が変化することがある。

- 原油価格変動を背景とする一般物価
- 国際金融市場の変動を受けた実質利子率や為替レートである。

これらの変数は海外要因により決定されるので，日本国内で対応できない場合が多い（**第8講**）。

■ **動学モデルと静学モデル**

ただし残念ながら真のマクロ経済の動きを動学モデル分析が充分にとらえているとは未だに言い難い。ここ30年のマクロ経済学の変化は「静学」から「動学」へという言葉に象徴されると思われる。たとえて言うなら，静学モデルは1時点でとらえた「似顔絵」や「写真」だが，時間を通じた動きをとらえる動学モデルは「アニメ」や「映画」である。

近年発展の著しいRBC（実物的景気循環理論）やDSGE（動学的確率的一般均衡モデル）は「アニメ」と言ってよい。初期のアニメがギクシャクした動きしか表現できなかったように，現在の動学マクロ経済学は現実の経済の動

きをとらえるモデルとしては，依然として不充分な点は多い。しかしギクシャクした動きだからといって，アニメや映画を全否定する必要はない。写真と映画のように静学と動学分析は相補いながら，共存してゆくことが本来は望ましい。ただし動学モデルは一定の作成方法があり，作成者はその影響を受けている。そのため，日本経済の分析として適当なものかどうかについては疑問も多い。

2.2　目の子で把握するマクロ変数

　以上のモデルをデータと照らし合わせてみよう。まずマクロ経済理解の第一歩は，経済活動の水準がだいたいどのくらいか，数字を把握することだ。そこで国民経済計算について復習しながら，「目の子」の数字を再検討する。
　最初に，日本の「生産」はどのくらいだろうか，という問題から考えよう。

■ 国内総生産はどう分類するか
　国民経済計算によれば，

- 日本の国内総生産（GDP）は約 550 兆円

であり，需要支出面から

$$Y = C + I + G + X - IM$$

と分解すると

- 消費 C は 300 兆円弱程度
- 投資 I は 105 兆円弱程度
- 政府支出 G は 135 兆円強程度
- 純輸出 NX（＝輸出 X − 輸入 IM）は振れが激しいが 10 兆円には届かない。

　クルーソーの寓話では刈り入れ（所得）をタネ蒔き（投資）と消費に分けたが，政府部門を無視すれば，日本ではだいたい 3：1 の比率で分けている。

表 2-1　支出面から分解した国内総生産

1	消費	自家用車	労働所得に依存
2	投資（資本形成）	商用車	消費や輸出が増えてから増加する
3	財政	公用車	もともと危機的状況
4	純輸出	海外向けで輸入車や輸入部品を引く	相手国の景気次第

　国内総生産の構成要素である消費，投資，財政，純輸出は生産物がどこで需要されるかを考え，それぞれ自家用車，商用車，公用車，輸出向けと例えるとわかりやすい（表 2-1）。後述するように輸出や消費が増加し企業が忙しくなると商用車は増えるというように，特定のパターンをとることが多い。

■一人当たりのマクロ変数の金額

　さて，先に日本の GDP は 550 兆円ぐらい，と述べたが，この数字はどのくらいの規模を表すのだろうか。日本の人口約 1 億 2600 万人で割ると

　●一人当たり GDP は約 437 万円

となる。総人口は赤ちゃんもお年寄りも含んだ数字だから，5 人家族なら一家族当たり 2000 万円以上になってしまう。そこで実際の値に近づけるため，以下のような修正を加えてみよう。

[1]　第一の修正　「国内」と「国民」

　国内総生産（GDP）と国民所得は違う概念である。まず「国内」と「国民」という概念が違う。ただし，日本の居住者，という概念を使った「国民」と日本国内に暮らす人（外国人も含む）という概念の「国内」では，「国民」概念の総生産が数兆円大きい程度で，それほど差がない。

[2]　第二の修正　「生産」と「所得」

　次に異なるのは「生産」と「所得」という言葉だ。これらの違いをもたらすものは資本減耗だ。機械や工場は古くなって摩耗するが，この古くなった分を取り替えた金額は「生産」に含まれても，「所得」には含まれない。

家が古くなり，修理した分は，「生産」には含まれるが，「所得」には含まれない。この資本減耗は年々増えており 100 兆円近くにも達している。

GDP の 2 割にもなる資本減耗を差し引いて，国民所得を計算すると以下のようになる。

● 一人当たり国民所得は約 360 万円

■ 消費と消費税：改革の現実性

消費者の立場から考えると，所得より消費を考えてみることも興味深い。日本全体の総消費は 300 兆円弱なのだが，1 億 2600 万人と 12 ヶ月で割ると，

● 国民一人当たり消費は月額 20 万円

となり，少し多いかな，と感じるぐらいの金額に落ち着くのではないか。

消費税は 8％だから月額 1〜2 万円だ。さまざまな非課税枠や優遇措置があるため，実際には消費税の総額は 17 兆円前後で 300 兆円の 8％である 24 兆円よりかなり少なくなっている。

財政危機や年金危機に対して，消費税を使った改革が提唱されている。しかし，その中には非現実的なものも少なくない。増税するといっても，総消費 300 兆円の何％にあたるのか，改革案をチェックしてみるとよくわかる。

■ 人数：労働力人口と失業率と出生数

さて，ここまで生産と消費について国民一人当たりの金額を考えてきたが，人数が重要でわかりやすいことも多い。実は働いている人口はそんなに多くない。労働力人口は 2017 年で 6720 万人強だから，総人口の半分を少し超えたぐらいにあたる。他の人は学生や主婦，お年寄りだ。

労働市場の代表的な指標は失業率だ。失業率は以下の式で表される。

$$完全失業率 = \frac{完全失業者数}{15\,歳以上の労働力人口}$$

分母の労働力人口は就業者数と完全失業者数を足し合わせたものだ。

日本の失業率は一時，6％近くまで上昇したが，2018年5月現在は2.2％にまで下がってきた。いずれにせよ，この比率を労働力人口に乗じて，おおよそ140〜300万人が失業者（仕事に就いていないが仕事を探している人）と考えればいい。

　この失業者数と比較すると，出生数は約100万人でさほど多いわけではない。ちなみに非正規労働者数は約2000万人であり，少子化対策は巨額費用がかかると言われるが，失業手当や格差是正といった非正規労働対策に比べれば，さほど大きな規模になるわけではない。

■一人当たりの賃金

　さて国民経済計算に戻り，賃金について見ていこう。国内総生産に雇用者所得が占める割合（労働分配率）は景気に若干，逆相関し，50〜55％程度である。労働分配率と総人口に占める労働人口の割合をともに50％と考えると2つは相殺しあい，一人当たりGDP 440万円と同程度になる。

- 雇用者一人当たり年収は約440万円

　これは少ないと思われるかもしれない。ただこの雇用者には非正規労働者も含まれている。非正規労働者は全労働者の1/3程度だ。毎月勤労統計調査（非正規労働者をパートタイム労働者とみなす）によれば，

- パートタイム労働者の時給は平均1200円
- 常用労働者の時給は平均2900円

である。実際の労働時間（同調査より）も勘案して月収，年収を求めてみよう。

- パートタイム労働者の月収，年収は

$$1200\text{円} \times 87\text{時間} = \text{月収}10.5\text{万円}，\text{年額}125\text{万円}$$

- 常用労働者の月収，年収は

$$2900\text{円} \times (8\text{時間} \times 20\text{日} + 残業13\text{時間}) = \text{月収}50\text{万円}，\text{年額}600\text{万円}$$

　パートタイム労働者と常用労働者の加重平均を求めると

$$\frac{1}{3} \times 125 + \frac{2}{3} \times 600 = 40 \text{ 万円} + 400 \text{ 万円} = 440 \text{ 万円}$$

であり，先に求めた数字である 440 万円とだいたい一致する。

■ うまく把握できない資産市場

最後に資産市場だ。家計の金融資産は 1829 兆円（資金循環統計 2018 年 3 月末）という数字から，日本の家計は金持ちだと言われる。この 1829 兆円を 1 億 2600 万人で割ると，一人当たり 1450 万円強になる（内訳は，現金・預金は 961 兆円（一人当たり 763 万円強），株式は 199 兆円（158 万円），残りが年金保険などだ。ちなみに家計の金融負債残高は約 300 兆円である）。資産額は各家計によってバラツキが大きく，一部の富裕層に影響を受けて，上振れしている。この平均の数字はなかなか直観的に納得し難いものとなってしまった。

■ ショックの大きさとその後始末

経済政策が変化すると一方向に民間主体が殺到することが多いし，実証研究は，政策による変化が正であるか負であるか，に興味を集中することが多い。しかし方向性だけではマクロ経済の変化はつかめない。実際にどの程度の影響があったのか，その分量が大事である。今後各講で説明するが，日本のマクロ経済に加わったショックの金額と GDP 比は以下の通りである。

- バブル後の不良債権は総額で 100 兆円ほどの処理額であり，一時点では最大 30 兆円ほどの不良債権が存在していた。ただし後始末の公的負担は 10 兆円程度である。（預金保険機構によると，破綻処理や資本増強に投じた資金は計約 48 兆円。29 兆円を回収し，差し引き赤字が 19 兆円。うち 10 兆円強を国庫負担，9 兆円を銀行の預金保険料でまかなったという。）
- リーマンショック時の輸出の減少が 40 兆円（GDP 比 8%）
- 東日本大震災のストック毀損額が 20 兆円（GDP 比 4%）
- アベノミクスの異次元緩和による損失の後始末はたとえ 2% の金利上昇が認められたとしても各年 7 兆円，総額で 50 兆円，1% の金利上昇なら 25 兆円程度と見積られている。

- 今後の社会保障費が増大したとしても，政府見積もりではGDP比で毎年1.6%上昇するにすぎない（2018年の内閣府資料による）。

もちろんこれらの数字をどう解釈するかは，議論が必要だが，1990年代には30兆円規模の経済対策が頻繁に打たれていたことを考えれば，ショックが大きくとも，うまくコントロールすれば乗り切れると言える。しかしバブル後には銀行を中心に責任逃れの内的な混乱が生じ，日本経済は長らく大きな負担を被った。

> **練習問題**
> 本文中で示したショックの金額の大きさと法人税・所得税・消費税の大きさを比較対照し，ショックの後始末をするためにはどのくらいの増税が必要か計算してみよう。

2.3 経済変数の変化率：脱経済成長は可能か

■ 日本経済の潜在成長率

ここまで日本のGDPの「レベル」がどのくらいの大きさかを見てきた。次は「変化率」として，日本経済の成長率を考えよう。これを巡って議論は

> [1] 左派論者による脱成長論
> [2] 増税誘導に結びつく成長悲観論
> [3] 金融緩和による楽観論

があり，楽観論から悲観論まで多様である。そもそも成長率の高低を議論するためには何らかのベンチマークが必要だが，これを潜在成長率といい，一般には経済が平時に達成可能な成長率のことをいう。潜在成長率が厳密に計測されるなら，もちろんそれは有効な概念だし，トレンド重視という意味で本来はこれを大事にすべきだ。

ただ実際の議論では過去数年の成長率の平均を引き伸ばしているような場

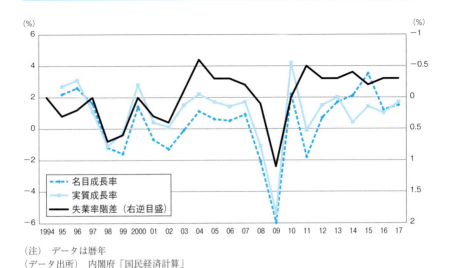

図 2-3 脱成長論と成長悲観論

合も多く，逐次的に変化し発表機関によって変化の方向性まで違う場合もある。政策当局には言わばノルマとなるので，機関や学派間で見積もられる数字は大きく違う。

- 金融緩和派は政策余地を示すために，潜在成長率を高く主張するし，
- 増税やむなしを主張する財政重視派は政府支出増大を懸念して，潜在成長率は低く見積もる。

要するに金融緩和をしたいから潜在成長率を高めに見積もる一方，財政懸念があるから成長を悲観するといったふうに，目的と手段が逆転している。内閣府の潜在成長率の想定も，2008年の0.1%から2018年の1.1%まで，かなり上昇してきたものの，現実の成長率を下回っている。

■ 今後の成長率はショック次第

ただし，事実認識として生のデータを見ると（図2-3），2000年代以降，小泉・竹中ショックやリーマンショックなどの年を除いて，大半の年次が

1％台後半の実質成長率を達成しており，政府の実質成長率見積もりの2％はさほど過大ではない。

政治的思惑はさておき，予測達成を左右するのは以下の3つの要因だろう。

- 現状の過剰な企業貯蓄の下押し圧力がある。クルーソーの例え話なら，籾米が企業部門に蒔かれずに滞留している状態で，これを使えば成長促進は大きく可能だ。次に
- 金融を中心に生じた大きな外的ショックがあり，それが一過性かどうかが問題となる。最後に
- 財政金融政策による成長率の嵩上げがある。問題は，その持続可能性だ。

リーマンショック以降，増大した財政支出と，巨額の企業貯蓄増大を整理するという需要面の作業が残っている。金融財政政策という「薬物依存治療」を止めて，自律的な好循環を達成しなければ，「全快」とはならないのである。

なお脱成長論は現状では論外だ。オークンの法則（第5講）が示すように，どこの国でも成長率が2～3％ないと，失業率が上昇してしまうからである。また後述するように構造失業率という概念もオークンの法則を通じて潜在成長率とつながっている。逆に労働力逼迫から潜在成長率低下と供給力強化を過度に主張する向きもあるが，時期尚早だ。現状では第13講で説明するように，政府発表の「社会保障の見通し」では，適度な成長が前提となって社会保障の予算が生成されている。

> **練習問題**
>
> 内閣府Webサイトの「国民経済計算」のページでGDP統計のあらましを見て，今後の景気の動向を予測してみよう。

第3講 景気循環パターンの実務家的把握

■ ①輸出がきっかけで、②企業利潤が軸となって展開するという日本の景気循環パターンを理解する。短期循環の鍵となる在庫循環図の見方を理解し、労働保蔵のもとでの短期的な収穫逓増の重要性を理解する。

3.1 二段ロケットでとらえる景気循環パターン

■ 輸出主導の景気回復

第1講で見た通り、日本経済には4～5年ごとのサイクルが存在してきた。このような短期サイクルについて、本講ではいくつかの経験法則に従って、どのように進行するのか、考えてみよう。中心となる概念は企業部門の利潤と在庫である。

第2講ではGDPを支出面から分解して説明した。

$$\text{GDP}(Y) = 消費(C) + 設備投資(I) + 政府支出(G) + 輸出(X) - 輸入(IM)$$

短期サイクルではこの式のどの部分がどの順で反応するだろうか。在庫や分配に関する変数を加えてみると、近年の景気上昇プロセスは概ね以下のようである。

輸出 ⇒ 在庫減少 ⇒ 設備投資 ⇒ 消費
　　　　　　　　［企業利潤］　　［家計所得］

下段が媒介となっている分配に関する変数である。

まず景気上昇プロセスの第1の構成要素は輸出である。詳しくは**第7講**で

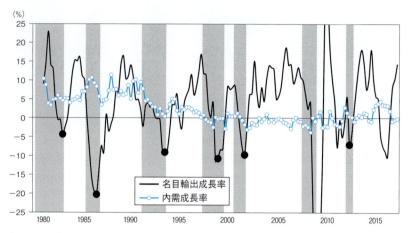

図 3-1　好況期入りに先行する輸出成長率

説明するが日本経済における輸出と為替レートの役割に対する理解は混乱されがちだ。ここでは図 3-1 を見て，景気を主導する要因は輸出であることを確認しておこう。

■ 企業利潤を軸とする景気変動理解

景気局面を考察するためには，企業利潤の動きを考察することが必要だ。輸出が伸びると在庫が減り，企業利潤が上昇してくる。従来から，企業利潤上昇から設備投資上昇のルートは景気循環分析の中心として重視されてきた。

企業利潤を

> 利潤＝売上－費用

と分解すると，伝統的な景気変動の理解にうまく対応する。

> ［1：初期］　費用はさほど変化しないが，売上が上昇し，利潤が増大する。
> ［2：中期］　利潤増大が設備投資増大をもたらし，景気は加速度的に増大。
> ［3：後期］　景気拡大につれ，賃金や利子など費用上昇。またインフレ懸

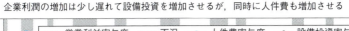

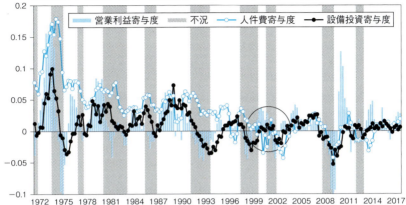

(注) いずれも付加価値に対して
(データ出所) 財務省「法人企業統計季報」

図 3-2 利潤増加と資本と労働への派生需要

念が生じ，中央銀行が引き締めを図る。

つまり景気循環のプロセスをまとめれば，尺取り虫のように

 輸出 ⇒ 売上増大 ⇒ 利潤増大 ⇒ 費用上昇

となる。第 1 講でも説明したとおり洗面器のカニのように 2000 年代までの好況は，最終段階まで到達しなかった。ここで問題なのは人件費の動きだ。個別の企業は人件費を削って，利潤を高めようと考えがちだが，それは消費の抑制につながるため望ましくない。図 3-2 の円内の時期以降は，人件費寄与度は下がって設備投資寄与度と同程度になってしまった。それ以前は両者は平行しながらも，人件費寄与度が大きいことが図から見てとれる。

■ 企業利潤と景気動向指数の関係

実際，表 3-1 に示されるように，景気動向指数に採用されている変数を見ると，

3.1　二段ロケットでとらえる景気循環パターン　　37

表 3-1　景気動向指数採用系列

先行指数	最終需要財在庫率指数，鉱工業生産財在庫率指数，新規求人数，実質機械受注，新設住宅着工床面積，消費者態度指数，日経商品指数，マネーストック（M2），東証株価指数，投資環境指数，中小企業売上げ見通しDI
一致指数	鉱工業生産指数，鉱工業生産財出荷指数，耐久消費財出荷指数，所定外労働時間指数，投資財出荷指数，商業販売額（小売業，卸売業），全産業営業利益，有効求人倍率
遅行指数	第3次産業活動指数，常用雇用指数，実質法人企業設備投資，家計消費支出，法人税収入，完全失業率，きまって支給する給与（製造業），消費者物価指数（生鮮食品を除く総合），最終需要財在庫指数

- 先行指数では在庫率や株価など予想を集計する変数
- 一致指数では生産を巡る変数
- 遅行指数では費用を巡る変数が多いことがわかる。

　実務的な景気循環の分析においては，一致・遅行比率と呼ばれて，コンポジットインデックス（CI）の一致指数を遅行指数で割った数値を見ることがなされる。CIの一致指数は鉱工業生産や百貨店販売など，企業の売上の動きを表し，遅行指数は原材料・最終需要材の在庫，設備投資，雇用，貸出金利などの固定費を表しているので，一致指数は売上の動き，遅行指数は固定費を表すと考えればよい。この比率が上昇すれば売上と利潤が増大しており，下落すれば費用が高まっていることになる。

■ 実務家理解の問題点（1）：輸出主導

　この輸出主導の景気循環には，いくつかの留保が必要である。

［1］　海外景気の影響を直視する必要
［2］　実質利子率の決定を直視する必要

　輸出の寄与度は常に大きなものがあるが，GDPの構成要素である純輸出（輸出マイナス輸入）は，さほど大きくない。つまり輸出の増大は「景気反転のきっかけ」として重要だが，それが大きなうねりをもたらすためにはもう一段階，内需と消費の拡大が必要だ。つまり

> 輸出 ⇒ 投資 ⇒ （所得） ⇒ 消費

の段階がある。ところが実務家の景気循環理解では，企業利潤の動きが中心であり，所得増加という第二段階を忘れがちな点が消費不振を生んでしまう。

さらに90年代以降には設備投資は好況初期は勢いが強いのだが，消費の下支えがなく不況期に急速に失速することも重要だ。

90年代以降，（特にリーマンショックまで）日本経済はますます輸出主導型になった。図3-1に示されるように，輸出の成長率の変動に，内需（GDP－輸出）は反応しなくなった。言ってみれば，タネ火だけをつけても，薪に火がつかなかった状況と言える。

確かに国際的な輸出大企業の台頭はすばらしいことだ。

- これらはグローバリゼーションの波にうまく乗った，とも言えるし
- 国内で所得が上がらず，市場を海外に求めざるをえなかった

とも言える。特にリーマンショック以前の2000年代中頃には国際競争力強化のスローガンが一人歩きしており，本当に国民のためになる政策がとられていたのか，疑問が生じる。

■ 実務家理解の問題点（2）：企業利潤

さて，企業利潤を軸とする景気循環のプロセスは，経済全体に当てはめて考えなくてはならない。このプロセスを個別の企業や産業の立場から，部分均衡的に理解すると，「合成の誤謬」に陥ってしまう。個別の企業にとって賃金・利子の上昇や配当による家計所得の増加は，何ら企業利潤の持続に寄与しない。むしろ阻害要因である。しかしマクロ経済では違う。家計所得の増加は消費を高めて，持続的な成長を可能にする。

残念ながら部分均衡的な考え方をマクロ経済に当てはめ，専ら企業利潤を高める動きがこれまで賞賛されてきた。この考え方は，マクロ経済全体と企業経営者の立場を混同した重商主義ならぬ重企業主義と呼ぶべきものではないか。

結局，実務家の景気判断で重要なことは，中期において，もう一つの消費

拡大という段階を加えることだ。

> [2′：中期]　家計所得増大による消費拡大。景気のさらなる上昇
> 　　輸出　⇒　売上増大　⇒　利潤増大　⇒　投資・賃金上昇　⇒　消費拡大

　もちろん経済全体のパイを大きくするのは企業であり，そこから生まれた価値を資本と労働で分け合うことで社会が豊かになることは確かだ。企業は金の卵を生むニワトリであると言えるだろう。しかしニワトリを甘やかしてエサばかり与えて，不健康にしてもしかたがない。

> **練習問題**
> 　景気動向指数の採用系列のデータをインターネットから探してダウンロードしてグラフを描いてみよう。

3.2　景気の山谷と在庫循環図

　ここまで国内総生産の需要面の分解から，景気循環を考察してきた。一方で供給と需要の差は在庫の増加分に吸収されるので，在庫と売上だけで生産動向（供給）を考察することもできる。在庫変動は四半期ベースでも5兆円程度に達することもあり，景気循環の振幅を拡張している。現在の550兆円程度のGDPやノーマルな成長率1〜2％から考えると，大きな比率を占めるものだ。

　輸出が増大し，景気の底を打つと，在庫が減少してくる。さらに景気が上昇してゆくと，売上増加を見こして企業は生産を増やしてより在庫を持つようになる。しかし予想外のショックにより景気が悪化してしまい，売れ残り在庫が増大することもある。

　このようにもともと在庫には

- 売れ残りである予期せざる在庫と
- 売上増大を予期した在庫

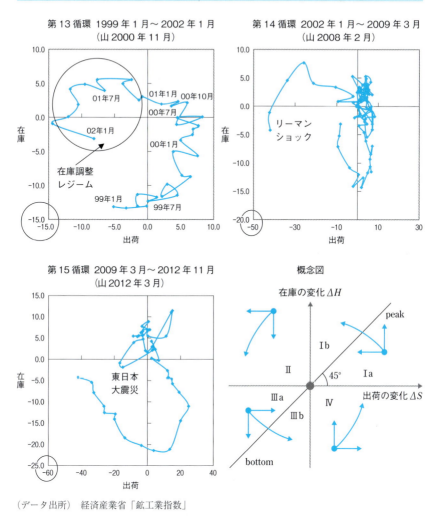

(データ出所) 経済産業省「鉱工業指数」

図 3-3 サイクルを表す在庫循環図

の 2 種類がある。バレンタインデー前後のチョコレート生産を考えると、バレンタインデー前であれば予期した在庫であり、後であれば売れ残りである。在庫のデータを見る際には売上増加を予想して在庫を増やしているのか、売れ残りで在庫が増えてしまったのか、どちらの種類か見極める必要がある。

在庫循環図を使えばその判定が容易だ。これから説明するように売上が伸びているかどうかで在庫の種類を区別でき，景気の進行プロセス，特に「谷」の部分でその威力を発揮する。図 3-3 の概念図のように，もともと在庫循環図とは，

- 出荷指数の対前年同期階差 ΔS を縦軸に
- 在庫指数の対前年同期階差 ΔH を横軸に

とり，反時計回りの動きで在庫循環を示したものだ（本書では横軸に出荷，縦軸に在庫をとって，日本銀行流の描き方をしているが，他機関発表の図では異なる描き方もされている）。データは経済産業省発表の鉱工業生産指数が通常使われる。図 3-3 は戦後景気循環における第 13 循環（1999 年 1 月～）からいくつかの循環を示しており，反時計回りのサイクルを描いていることが容易に読み取れる。

中でも図 3-4 に示されるように，2014 年の消費税増税時は「予期されたショック」であるので，一時的な駆け込み消費増大に対して，余分な在庫を積み増さなかった。このため第Ⅰ象限を通らず一直線上の動きをしている。

■ 在庫循環と景気循環日付

図 3-3 右下概念図は在庫循環図の考え方を示している。図は $\Delta S = 0$ の横軸と $\Delta H = 0$ の縦軸により，4 つの象限に分類され，さらに $\Delta H = \Delta S$ の直線式（45°線）が描かれて，第Ⅰ象限と第Ⅲ象限が 2 分割されている。

- まず景気の山（peak）は正の在庫の変化 ΔH が，出荷の変化 ΔS を追い越して在庫過剰になる第Ⅰ象限における時期である。
- 45°線を切った後のⅠb～Ⅲaは景気後退期である。そこでは ΔH は ΔS より大きくなる（$\Delta H > \Delta S$）。
- 景気の谷（bottom）は負の出荷の変化 ΔS が，在庫の変化 ΔH を追い越して在庫が減少する第Ⅲ象限における時期である。
- Ⅲb～Ⅰaは景気上昇期であり，ΔS は ΔH より大きくなる。

このように 45°線を切るかどうかで，景気の山谷を判断する。在庫循環図

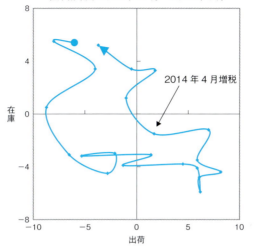

図 3-4　好況レジーム素通りの消費税増税期

を簡便化したものが，出荷・在庫バランスだ。これは出荷の伸び（季節階差）から在庫の伸びを引いたもの $\Delta_{12}S_t - \Delta_{12}H_t$ と表されるが，正ならば，45°線より下，負ならば上にあることを示す。

■ 在庫調整モード

データは概ね在庫循環図に沿った動き

$$\mathrm{I} \Rightarrow \mathrm{II} \Rightarrow \mathrm{III} \Rightarrow \mathrm{IV} \Rightarrow \mathrm{I} \cdots$$

をしており，ここから外れた動きをする確率は小さい。ただし第Ⅱ象限から第Ⅰ象限に逆行する確率はかなりあり，出荷変動につれて両象限を変動することが多い。逆に景気の谷近辺では，行きつ戻りつのジグザグ行動は起こっていない。

在庫循環図がきれいに円を描いているように見える理由は，図 3-4 に示されるように，景気の谷近くの第Ⅱ象限から第Ⅲ象限への動きが明快である

ところが大きい。循環図を見ると在庫循環は一定の速度で回転しているのではなく，「在庫調整レジーム」というべき時期があり，それに入るかどうかが重要であることがわかる。

■ 景気の山と谷を決めるものは何か

　景気はどこでピークを打つのだろうか。全体として作りすぎになった時点である。在庫に即して言えば，作りすぎて売れ残りの在庫が溜まってきた時点だし，設備投資で言えば，過剰な設備の稼働率が低下してきた時点である。しかしその直前には設備や製品の作りすぎの分の生産が高まっているため，好況となっている。まさに山高ければ谷深しである。

　在庫循環より設備循環の問題はより深刻で長引く。在庫が売れるのを待つ時間以上に長い期間，設備は残るからである。中でも建物の「建てすぎ」（第 4 講図 4-8）は「貸しすぎ」という金融危機に波及する。日銀が金融機関の貸出額をコントロールする，いわゆる窓口規制が，1991 年 7 月に撤廃されたことがバブルを招いたとの指摘があるが，一般に規制緩和後は過剰な供給が生じやすい。ミクロ的な規制では企業の破綻防止策だけでなく，事前のバブル防止策も考慮する必要がある。2005 年の経済財政白書はバブル後の 3 つの過剰が解消されたと宣言したが，その過剰は雇用・設備・貸付だった。

> **練習問題**
>
> 　2018 年現在，中国の都市には大規模ビルが林立している。これを経済発展の成果と見るか，不良債権の予備軍と見るか，その先行きは今後の世界経済を左右するものだ。この点について考えてみよう。

3.3　労働保蔵と規模の経済

■ 日米景気循環の違い

　米国の株式市場では，労働関係の指標発表につれて，大きく相場が変動す

ることがよくある。景気先行指標にも雇用関係の指標が2つも含まれているほどだ。一方，日本では失業率は遅行指標の最たるものと見なされ，株価に反映することはほとんどない。この違いを景気循環のプロセスからまとめると，以下のようになる。

［日本］　生産　⇒　雇用　⇒　消費
［米国］　雇用　⇒　消費（⇒　生産）

　つまり，人を雇ってから生産をするか，生産をしてから人を雇うかの違いだ。これは企業が労働者をどの程度，雇用継続するのか，つまり労働保蔵の程度が異なることによる。日本では生産が上昇してもすぐには雇用，特に人員には波及しない。ところが雇用調整が容易な米国では，不況期に労働者を解雇してしまうため，好況初期にすら新規雇用が必要とされる。

　そこで不安定な雇用所得のもとで消費がどのように変化するかを考察した消費関数の推定が米国で盛んな一方，日本では所得が消費を大きく規定し消費の代理変数として所得が使われるまでとなってきた。つまりどこでリスクを吸収するのか，というプロセスの違いに影響している。

- 日本では生産にさまざまなショックがあったとしても，労働保蔵のバッファーが大きく雇用や内需になかなか波及しないが，
- 米国では雇用にさまざまなショックがあったとしても，家庭内貯蓄のバッファーが大きく，消費や生産への波及は不規則

と考えられる。そしてこのバッファーを「ダム」と表現してショックを吸収するプロセスを示すと，以下のように書ける。

［日本］　生産　⇒　〈ダム〉　⇒　雇用　⇒　消費
［米国］　雇用　⇒　〈ダム〉　⇒　消費（⇒　生産）

　つまり，日本では企業の資産が，米国では個人の貯蓄が，ダムの役割を果たすことになる。

　米国におけるロバート・ホールらの消費関数の推定は，消費決定から所得を切り離す方向で発展してきた。しかしこのような環境の違いを考えれば，

日本ではもう少し労働保蔵や賃金設定プロセスに注意を払って，マクロ経済を考察する必要がある。

■ 賃金率上昇と規模の経済

時間当たりの賃金（実質賃金率）と景気の関係を見てみよう。図 3-5 が示すように，明らかに不況期には賃金率は上昇している。この結果は労働が固定的生産要素である（従業員数や賃金が景気によって大きく変化しない）ことを示している。つまり

- 不況期にはコスト高だが
- 好況期にはコストが低下する

ことを示し，労働保蔵のための短期的な規模の経済（収穫逓増）の存在を示している。規模の経済は言い換えればスケールメリットであり，好況期にはメリットが生かされているが，不況期には規模拡大の固定費のためスケールが裏目に出ている。この点が重要なポイントであり，日本経済の短期の循環を考察する上で，規模の経済を前提に考察しなければならない。また景気の底割れを防ぐため，財政出動が求められる理由でもある。

■ 循環はなぜ生じるか

規模の経済，特に労働保蔵による短期のものを前提とすると，在庫循環の生じる理由がわかる。この循環は

- 生産関数が収穫逓増（一時に大量に作れば，費用が安くつく）であるため，生産を大きく変動させる力と
- 在庫保有の収穫逓減という，

相反する 2 つの動きが合わさったものと考えられる。

このような理論分析は景気循環をもたらす力の考察にとって示唆的だ。大量に作れば（過剰生産），大儲けの機会（費用逓減）もリスクの機会（在庫積み上がり）も共に上昇し，リスクが顕在化するとき生産調整が始まる。言わば景気上昇に伴い，ハイリスク・ハイリターンになる。たとえ小さなショッ

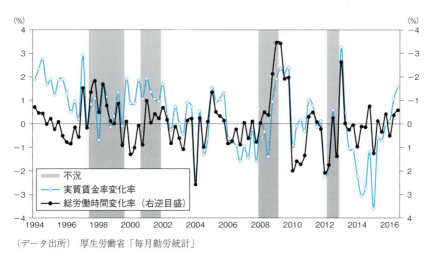

図 3-5　短期的な収穫逓増（スケールメリット）を表す実質賃金率変化率と労働時間変化率（5人以上事務所　一般労働者）

クでも大ダメージを受けてしまう脆弱な構造となってゆく。

- サービス業においては収益増大機会が巨大設備や人員の配置からなり，それが裏目になるリスクは過剰設備や余剰人員に現れる。以前のダイエーや現在のイオンの不振はこのロジックで説明される。
- 金融危機においても，収益を見込んだ投資のための銀行借入増大（レバレッジ）はリスクとリターンを増大させ，貸付ブームはその後の焦げ付きを生んだ。

スケールメリットのもとハイリスク・ハイリターン構造が好況につれて強化され，ショックに対して脆弱な構造になっていくという点でロジックは同じではないか，と考えられる（自動車・家電・流通・レバレッジ）。

> **練習問題**
> 町一番の規模のスーパーマーケットに人々はつめかける。そこで地域の各スーパーが店舗拡大競争に陥れば流通企業はどうなるか考えよう。

3.4　実務家思考の4つの問題点

■ 改めて「失われた10年」と中期停滞を考える

以上で分析した日本の景気循環の特徴をまとめると

- タネ火（インパルスという）は輸出であり
- 拡大する力（伝達メカニズム）は短期的な労働保蔵による規模の経済

であると言える。

　実務家の景気循環把握は極めて優れたものだ。にもかかわらず，そこには以下のシステマティックな問題点をもたらしてしまう。

[1]　輸出重視のため円安志向
[2]　企業利潤重視
[3]　製造業重視が在庫に表れ
[4]　スケールメリット重視がバブルを生んだ，

とまとめられよう。そして

- バブル以前は輸出から内需へバトンタッチがうまく進んでいたが
- バブル以降は一進一退期が続く

のは図1-2の通りだ。この一進一退が生じるのは，好況に達するための二段目ロケットが不発だったためである。それは

- 小泉内閣期までは不良債権処理のためだが，

その後は企業の内部留保の拡大のためである，と**第4講**を先取りして説明しておこう。つまり，

　　企業経営が小康状態　⇒　債務返済を優先　⇒　拡大再生産の原資なし

となるのである。

　表3-2は通常の景気循環パターンと「失われた10年」そしてアベノミク

表 3-2 景気パターンと失われた 10 年，アベノミクス

	これまでの景気パターン	アベノミクス
景気は二段ロケット ［Ⅰ：タネ火］ 輸出と製造業中心	① 世界景気上昇 　輸出主導（図3-1） 　　⇓ 　企業利潤増大（図3-2） 　　⇓	④ ●円安主導だが世界景気停滞下 ●輸出数量伸びず ●円安による企業利潤かさ上げ，株高
借金取りが来る ［Ⅱ：一進一退期］ 不良債権・借金返済ダム から企業要塞化 cf. ユーロ圏	② 不良債権処理 　自己資本増大（・増税） 　　⇓	⑤ ●消費税ショックにより自己資本増大 （図3-4）
［Ⅲ：ガス点火］ 消費と非製造業中心	③ 設備投資・人件費 　　⇓ 　消費（非正規全体） 　　⇓ 　失業率・物価 　フィリップス曲線 　（不本意非正規）	⑥ ●高齢化により労働市場タイト化 ●設備投資停滞 ●株高資産効果による高級品消費増大 ●円安による輸入品価格増大

ス期の特徴をまとめている．

- ①から③に移行する通常の簡単な景気パターンに対し
- ②が割り込んだのが「失われた10年」であり，
- アベノミクス期は④⑤⑥と

まとめられよう．なお，アベノミクスと小泉内閣期以降の2000年代の政策効果の違いはバックグラウンドの世界景気の好不況によるところが大きい．

第4講
停滞の真因
：貯蓄主体化した日本企業

■ 中期の停滞をもたらした企業貯蓄の増大の状況を理解し，その解決策である賃上げ・設備投資・配当増加の状況を考える。

4.1 増大する企業貯蓄と3つの吸収手段------

第3講までで，マクロ経済変動の3つの考え方を説明した。

［1］ 実務家の輸出重視思考
［2］ 実務家の企業支援思考
［3］ 基本的理論モデルの一国仕様，金利調整万能感

のいずれも問題があった。本講では企業貯蓄がどのように日本経済の中期の停滞をもたらしたのかを考える。

■ マネーフローの変化と企業部門の黒字化

第2講で見たように家計の資産が企業に委託され，その資本から企業が得た収益を家計に還元するのがマクロ経済学の基本である。ところがこの基本が日本経済では成り立たない。この資金の流れを金融取引と金融資産の増減を表す資金循環表で見てみよう（国民経済計算上の企業貯蓄の推移は**第12講図12-3**参照）。

フローの部門別の資金過不足の推移（図4-1）を見ると，

● 縮小傾向にあるものの一貫して黒字の家計

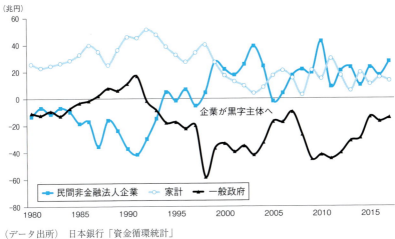

図 4-1　フローの資金過不足

- 90 年代以降大きく赤字になった一般政府
- 金融危機以降黒字が定着した民間非金融法人企業

のうち，企業部門の変化が激しいことがわかる。80 年代半ばには国内最大の資金不足主体であったが，1998 年度に資金余剰主体に転じ，2000 年度以降しばしば国内最大の資金超過主体にまでなった。この動きは**第1講冒頭の図 1-1** の事態を反映したものだ。これらには一体どのような意味があるのだろうか。

■ シャッター商店街寸前の日本経済

　このような事態を例えると日本経済はシャッター商店街「寸前」，日本企業は商店街の中の一店舗と考えることができる。人口減少下，先の見込みはあまりないが，それなりに立派な建物も建て，とりあえずは利潤をあげている。商店街全体で大規模化を図れば，全体として活性化し，隣町の商店街に打ち勝つこともできるかもしれない。もしまた活性化すれば，高い給与も払

4.1　増大する企業貯蓄と 3 つの吸収手段　　51

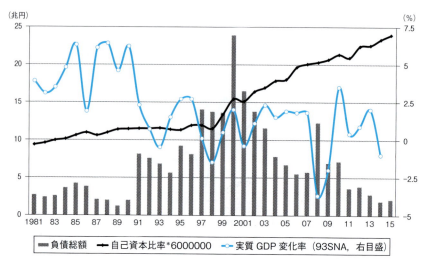

(データ出所) 負債総額：東京商工リサーチ「全国企業倒産状況 倒産件数・負債額推移」，自己資本比率：財務省「法人企業統計」，実質GDP変化率：内閣府「国民経済計算」

図 4-2　低成長下で減少する倒産負債総額と自己資本比率増大

えて，町の消費は盛り上がり，給与と消費の好循環も可能となる。

しかし個別の一店舗だけが雇用を拡大したり，大規模投資に打って出ても，全体の需要はほとんど拡大しない。このため町の銀行が一時危機に陥った時期を契機に，各商店はひたすら店の存続のため，銀行に借金を返し，資金を貯め込んで，人件費は節約するという行動をとるようになった（企業の要塞化）。その結果，確かに倒産は減少した（図 4-2）。しかしこの人件費削減が回りまわって需要を低下させ，設備投資は採算が取れず，商店は細く長く存続すればよいとの縮小均衡に陥っている。これが日本企業の要塞化であり，日本経済の陥った「合成の誤謬」である。

家計の貯蓄を借りて，企業が投資を行うという循環が，マクロ経済問題の標準的前提だが，日本経済の現状はそうなっていない。つまりマクロ経済の「閉塞感」と個別企業の「底堅さ」（財務体質改善・倒産減少）は表裏一体なのである。

■ 伝統的マクロ経済政策はそこで有効か

企業貯蓄増大のもとでマクロ経済政策も影響を受けている。まず

- 金融政策とは，本来，金利を下げたり，実体経済に出回るマネーをふんだんにして，借り手である企業を助けるもの

だ。ところが現状の日本企業は資金を借りるどころか貯蓄をしており，借りているのは国だけだ。その結果，金融政策は事実上，公的債務を管理する手段，財政ファイナンスとなっている（第9講）。一方，銀行を中心に金融仲介は閉塞している。金融政策が資金循環上の「質」的な閉塞の問題を反映するとすれば，

- 財政政策は治療の「量」的な問題

だ。このまま企業貯蓄が増加していけば，マクロ経済は縮小均衡に陥り，不況を食い止める方策は財政支出拡大という破滅への道しかない。これは理論的な帰結というより，実際に消費増税の結果，財政拡大を余儀なくされている現実の問題だ。アベノミクスの追い風を受けた2013年度ですら基礎的財政収支は11兆円の赤字であり，このまま進むことはできない（**第12講**）。

■ バランス良い成長ルールの崩壊

第1講の図1-1をまた見て，図4-3と図4-4でより詳しく企業の分配優先順位の変容を見よう。

- 80年代のバランス成長期：図4-4が示すように人件費増加分と設備投資増加分は比例しており，人件費増加分が大きい。純資産増加分は設備投資増加分とほぼ相関している。このため自己資本比率も一定である。
- (● 90年頃のバブル過剰投資期：設備投資増加分が人件費増加分を超える。)
- 98年までの小康期：まだ人件費増加分が設備投資増加分を超過。固定資産の増加は大きいものの，企業純資産（≒自己資本）とほぼ比例。
- 98年の銀行危機以降：内部留保と設備投資の相関が崩れ，利益剰余金が上昇傾向（図4-3）。自己資本比率が上昇し，純資産が大幅に増加。人

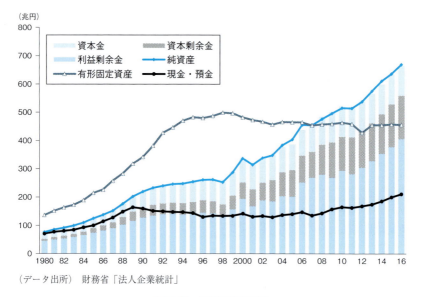

図4-3 企業財務の変容

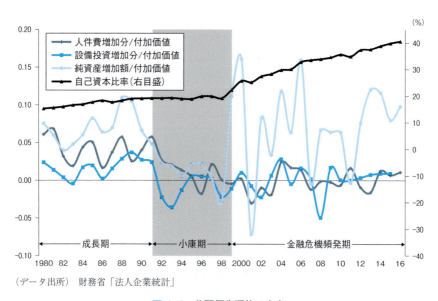

図4-4 分配優先順位の変容

件費，有形固定資産は横ばいからやや減少（**第 1 講**図 1-1）。

　法人企業統計から見れば，設備投資と純資産の増加分は，以前は少しラグをもって比例関係にあったが，近年ではその関係が崩れ，純資産のみが大幅に増加し，有形固定資産総額を逆転している（図 4-3）。つまり 2003 年以降の好況期においても，設備投資は純資産や内部留保の増加幅に比べて増加していたわけではない。具体的には，ほとんどの企業がキャッシュ・フローの範囲内で投資を行っている。

■ 企業貯蓄を吸収する 3 つの手段

　このように過大な企業貯蓄の存在は需要不足をもたらし，日本経済を閉塞させている。ではどうやって解消すべきだろうか。処方箋として個別企業が

[a]　設備投資
[b]　金利配当
[c]　賃金

を増加させる方策が主なものだが，他にも [d] 製品価格を下落させることができるし，政府は [e] 政府支出の増大（**第 12 講**図 12-4），劇薬だがしばしば話題となる [f] 内部留保課税も考えられる。現実に起こったのは [d] と [e] だが，これらは公的債務増大とデフレをもたらし，明らかに望ましくない。

　昔は企業経営者は「値段を上げなくてはやっていけない」と言ったことがインフレをもたらしたものだが，当該時期から「賃金を切り下げなくてはやっていけない」に変わったことが需要不足とデフレをもたらしたと言える。

練習問題

　企業貯蓄解消の選択肢は以下の式で整理できる。Y を産出量，N を雇用量として

　　企業利潤：$\pi \equiv PY - WN - rI$

　　製品価格 $P\downarrow$・賃金 $W\uparrow$・利子（配当）$r\uparrow$・投資 $I\uparrow$ の各場合において π

が減少することを確かめなさい。

練習問題

日本銀行の発表する「資金循環の日米欧比較」を見て，日本の非金融法人企業の資金余剰の特徴を欧米と比較して考察しなさい。

4.2 先行できない設備投資

■ 設備はボトルネックか

　企業貯蓄の吸収手段の中で，まず設備投資を考えよう。内部留保が過大なら，一足飛びに設備投資を上昇させればよい，という意見もある。確かに企業が貯蓄し，設備投資だけを見ればその増加率は小さくなっており，それが停滞の主因とも見える。しかし消費や輸出が盛り上がる前に，設備投資を先行させては，設備過剰で不良債権になってしまう。

　実際，日銀短観の判断項目をプロットした図 4-5 を見ると，2007 年頃の好況時や金融危機時を除いて，常に

- 資金繰りは「楽」
- 貸出態度は「緩い」，そして
- 設備は「過剰」

という判断であり，金融や設備が好況期に成長する際のボトルネックになっているとは思われない。

　なお設備は足らなくなれば投資できるが，同一調査の雇用人員判断より作成した人手不足観は好況期に大きく，人材育成が好況期の生産拡大のボトルネックになっていることがわかる。

■ 設備投資の中身 3 点

　もう少し設備投資の中身を見てみよう。

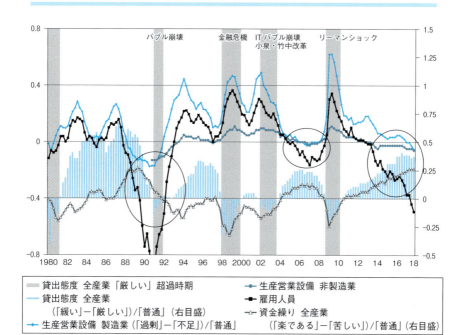

図 4-5 資金余剰ダムとしての企業貯蓄（日銀短観）

[A] 図 4-6 は製造業（上段）と非製造業（下段）の区別を行って（法人企業統計における比率を国民経済計算の数字に乗じて），より詳しく内需と外需の違いを見ている。そこでは

- 輸出と製造業の投資の関連は徐々にあやふやになっているものの
- 消費と非製造業の投資はきれいに相関

しており，需要が盛り上がって稼働率が上がらなければ，投資も増えないのは明らかだ（もともと投資は利子に非弾力的だが，ゼロ金利で利子率が動かないこともきれいな相関の一因である）。

[B] 次に技術革新は設備投資を独立に増加させるだろうか。図 4-7 が示す

4.2 先行できない設備投資　57

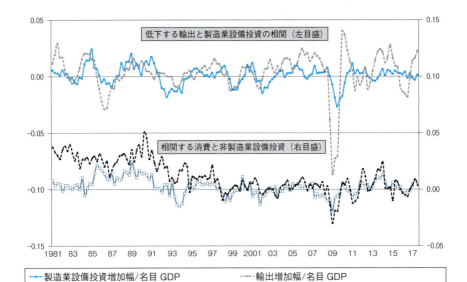

図 4-6　輸出と製造業投資，消費と非製造業

図 4-7　IT 名目投資フロー / 名目投資フロー

図 4-8　ストック純固定資産/GDP 比率（実質）の内訳：住宅等建造物の増加

ように，ICT 革命下にあって，自立的に投資シェアを上昇させたのはパソコンとインターネット普及だけであり，2010 年前後に登場しはじめたタブレットやスマートフォンなどでは難しいことがわかる。なおかつ画期的新商品であったこれらでさえも，投資全体を持ち上げたわけではない。

[C]　90 年代には投資は低迷しているが，それはもともとバブル期の過剰投資の影響が大きい。当時は「資産倍増計画（宮澤内閣。1991〜93 年）」や「ストック・エコノミー」などの言葉が叫ばれ，迫り来る少子高齢化社会に対して，（社会）資本整備が唱えられた。その行き過ぎにより生じたのがバブルであり，その後の財政政策による公的債務増大だ。ただしバブル期の投資が生産性を上げたということはない。国民経済計算統計で見れば，資本増大の中身はほとんどが建造物であり，これでは生産性増加に結びつかない。一方，生産性増加をもたらすであろう機械の対 GDP 比率は安定している（図 4-8）。「失われた 10 年」は建造物の比率が正常化するプロセスだった。

> **練習問題**
> 2020年の東京オリンピックにより建築ブームが生じていると言われる。国民経済計算のデータより，建築関連の数字がどうなっているか調べてみよう。

4.3 企業ガバナンスの「本音」と「建前」

■ 配当で家計に返すべきか

次に資金余剰の解消策として，賃上げよりも株主に配当として返すべきと主張されることがある。確かに基礎的な企業ガバナンス理論は市場賃金を支払った残りの余剰資金を株主のものと考える。ただしこの議論は企業と賃金決定を狭くとらえすぎだ。現実の日本企業には「業績連動賞与」と呼ばれる労働者へボーナスを使った収益分配ルールが既に存在しており，それを前提として賃金設定を考える必要がある。実際，いくつかの連動式が考案されて，各社で使われており，この方式を推奨していた経団連はリーマンショック時までWebサイトで採用比率を発表していたほどである。

理論的にも日本経済の評価の高まった80年代には小宮隆太郎の従業員管理企業論や青木昌彦の協調ゲーム的企業論として，日本の共同体的企業のレント・シェアリングはフォーマルな分析の対象となってきた。また労務出資という言葉が労働法にある。企業生成のためには株主が資金を出し合うだけでなく，労働を出資すると考えることもできる。

■ 日本企業のあり方を巡る2つの議論

もともと日本企業のあり方を巡り，議論は混乱しており，どっちつかずの見方（「本音」は従業員共同体，「建前」は資本主義）が一般的だ。プロ野球のオーナー（所有者）と監督の采配（経営）が異なるように，レストランのオーナー（株主）と料理人（社員）の関係で企業ガバナンスの議論を考えてみよう。

● 米国式のハンバーガーショップのように料理の簡単な業態ならば，料

理人は市場の相場で給料を払って雇い，残りの利潤をオーナーが独り占めする（残余請求権という）ことになる。一方，
● フランス料理のように，料理人自らが創意工夫する余地が大きい場合，シェフは現場を管理（コントロール権）する。そのコントロールの巧拙に，レストランの収益が依存するから，シェフに成功報酬など大きく報いる必要がある。

前者のハンバーガーショップならば雇い主と従業員間の明示的な契約で済むが，後者のフランス料理レストランの場合，シェフは雇われ人の役割だけでなく，「自分の店」として，暗黙の（関係特殊的）投資・人的投資や有形無形のリスク負担をしていると考えられる。

あらゆる状況に応じた完全な契約が可能ならば，何かをすればこうシェフの取り分が増えると，前もって決めておけばよい。しかし一般には完璧な契約は不可能だから，どこかで契約に不備（契約の不完備性という）が出てくる。不備が多いとシェフがやる気をなくしてしまう（情報の非対称性におけるモラルハザード）ので，通常の解決策は，条件を無理にきっちりと決めるより，長い目で見て不公平にならないようにしよう（繰り返しゲーム）ということが多い。またシェフのやる気を高めるための最適な所有形態はシェフ自身がオーナーになることだが，一方でシェフにはお金もなく，また持てるすべてをレストランにつぎ込むのは危険だ。そこで所有と経営（コントロール権）の分離が生じてくる。

以上の例え話で言えば，日本企業はフランス料理型に近く，契約が不完備なもとで，あいまいな合意により物事が進行する組織であると言える。そして日本企業に特徴的な長期継続関係により，あいまいな合意の弊害を補っている。

■ ガバナンスと利益率低下をどう見るか

そもそも日本企業のガバナンスを考えるならば，企業の借入低下，デレバレッジを問題とすべきだ。図 4-9 が示すように，総資本営業利益率，売上高営業利益率は過去 30 年以上さほど変わらない。大幅に低下しているのはバ

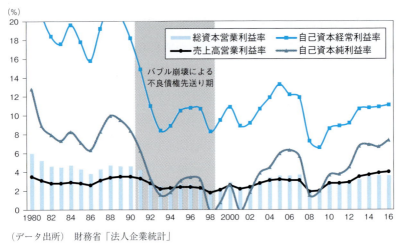

図 4-9　自己資本利益率の下落とさほど変化していない他指標

ブル崩壊後の自己資本（経常・純）利益率だけである。この際に無理に自己資本を高めようとしなければ利益率は回復したはずである。つまり日本企業の利益率が低くなったのではなく，自己資本に含まれる内部留保が過剰になったのである。

　企業内には株主と従業員の関係だけでなく，株主と銀行の関係もある。大まかに言えば，株主は返す期限がない代わりに利潤を還元しなくてはならない自己資本を提供する。一方，銀行は固定利率だが期限までに返済する必要のある他人資本を提供する。銀行の監視がなくなれば，経営者は返済という枷が外れて安易な経営というモラルハザードに，そして無理な M&A というイチかバチかの勝負に走りやすい。

■ ダブル・スタンダードな経営者

　それではなぜこのような状況が許されるのだろうか。筆者は労働者側にも，株主側にも，経営者はダブル・スタンダードな言い訳をしているのではないか，と感じる。まず好不況の状況に即して言えば

- 不況期には，労働者を犠牲にするリストラはやむを得ない，という株主側，米国タイプの意見が発せられるが，
- 好況期には，企業存続のために長い目で見て，日本的慣行存続のために賃金や配当は払えない，

と主張する。さらに

- 法人税増税に対しては，企業は実態のない擬制だから，二重課税になるという意見の一方，
- M&Aの脅威に対しては従業員主権論を主張する。

「本音や無意識」では経営者は従業員を代表しているが，「建前や法律・形式的制度」は株主主権なので，やはりどっちつかずの結果となる。

■ 株主還元は消費につながらない

　当初のアベノミクスの牽引力は株高であり，2012年11月から2013年5月までの半年で株価は約2倍になった。株主にとって基本的に株価上昇と配当は無差別と考えると，この株高で株主還元は充分だ。その結果，資金循環統計による2013年度の家計の金融資産は92兆円（6%）増の1644兆円であった。

　そこから高額品消費が増加した（国民経済計算では5兆円程度増）と考えられる。ところが通常の家計調査の勤労者世帯の消費は1%増にすぎない。株高の恩恵は株式を保有していない一般的な勤労者世帯に及ばなかった。

　もともと企業ガバナンス理論が主張する配当増加や自社株買いは現時点では有効な手立てではない。その理由は上場日本企業の株主構成にある。日本取引所グループの2017年度株式分布状況調査によると，金融機関（28.6%）と外国人（30.2%）で過半を占めている一方で，家計保有比率は17.0%と低下傾向にあり，最終需要増大にはつながらない。株式の外国人保有比率も3割ある現状で，株高は日本のマクロ経済政策として適当か，という問題もある。

　この状況は企業がM&Aに対し防衛策をとることを行政が許容し続けた結

果であり，この構造を崩すことなく株主重視の配当政策をとれば，資金は

- 海外に流出
- 企業部門内で営業利益から，配当を通して他社の営業外利益へ移動

するため，日本経済全体にとって有効な手立てとは言い難い。

以上は公表統計に基づいたかなり形式的な議論だが，企業の政策保有（持ち合い）株主の実態は不透明であるものの，企業支払配当と家計受取配当の比率は低下している（国民経済計算）。企業アンケート調査では安定株主が5割以上と多くの企業が答えており，日本企業のガバナンスには問題が多い。

■ 内部留保のストックとフロー

企業の資金余剰問題は内部留保を反映したものだ。内部留保の増加分は国民経済計算上は企業貯蓄となり，筆者はこの企業貯蓄こそが日本経済の停滞をもたらしたと考えてきた。しかし内部留保は会計とマクロ経済の間に位置する概念であるため，いくつかの誤解を招きやすい側面がある。

まず内部留保は法律や経済学で明確に定義された用語ではない。しかし企業会計上の利益剰余金と考えるのが一般的である。企業の利益から法人税などの税金を引いた「純利益」から，さらに株主への配当金などを引くと，その残りは企業内部の「利益剰余金」に付け加わる（この「付け加わる」というところが誤解を招いている）。

企業会計上の利益剰余金は貸借対照表上の

- ストック（一時点でどのくらい存在するか）で表され，

2016年度で400兆円以上であるのに対し，マクロ経済上の問題となる

- フロー（一定期間内でどのくらい変動したか）

の内部留保の増加額は，このところ20兆円台後半である。20〜30兆円といえども，名目GDP 500兆円の4〜6％に対応し，有効活用されれば同率程度の経済成長をもたらす。内部留保は既に工場の設備などに変わっているという議論は必ず出てくるが，形式的には正しいものの，問題はストックで

なくフローの追加分である。

　この増加額が，企業会計上計算されていないわけではない。個別企業の財務諸表上は「株主資本等変動計算書の利益剰余金の当期変動額」と呼ばれ，以前は「当期未処分利益」と呼ばれたものに対応する。未処分という言葉が示すように，それを配当・賃金・設備に使うことは容易である（ストックの利益剰余金が全く使用できなかったり，外部資金を導入できないわけではないが，フローの内部留保増加額を使うことは，より容易という意味である）。

■ 国民経済計算にどうつながるのか

　企業の内部留保増加額は国民経済計算上の企業貯蓄（**第 12 講図 12-3**）につながり，貯蓄から投資を引いた貯蓄投資差額は資金過不足（図 4-1）につながる（具体的な手順は内閣府 Web サイトの国民経済計算より「基礎から分かる国民経済計算」解説パンフレット「新しい国民経済計算（93SNA）」などを参照されたい）。

　中でも実物 IS バランスに資本移転の受払を加えたものが制度部門別資本調達勘定における実物取引表の「純貸出（＋）/ 純借入（－）」である。非金融法人企業が 25 兆円，金融企業が 2 兆円程度で，プラス幅は 27 兆円程度もあり，2％の賃上げに必要な 5 〜 6 兆円に比して巨額である（2015 年，2013 年は 40 兆円以上）。

■ 混乱の理由

　内部留保という概念に対する混乱の根本的な理由は，

- 個別企業の経営を考察する会計の目的と
- 経済全体を考察するマクロ経済学の目的が

異なり，関心領域の力点が違うからである。あらゆる変数の動きをとらえようとした動学経済モデルではなく，会計は断層撮影のように特定の角度から状況を切り取った数表であると言えよう。どのくらい資産があるかに着目するから，利益剰余金はストックで測られる。損益計算書では収益から費用を引いて，税引前利益を出し配当を差し引いて利益剰余金の増加分を計算する。

この計算手順にとらわれると，利益を動かせないものと見たりしてしまう．しかし現実はこの順番で企業が意思決定するわけではなく，賃上げで費用を動かすことはできるのである．

> **練習問題**
> プロ野球を例として，オーナーは監督の采配にどこまで口を出すべきか，考えてみよう．

4.4　まず「できること」は賃上げ

■ 遅延行為はイエローカード

永らく賃上げは大きさの決まったパイの分配を巡る問題と考えられてきた．しかし現状の企業貯蓄による下方圧力は，分配の問題であって分配を超えた問題だ．現状では貯蓄過剰がもたらすパイの大小に関する効率性の問題にまで拡大しており，政策的には賃上げはインフレや消費税対応だけでなく，企業貯蓄に対する対応策であるべきだ．ここを何とかしなくてはマクロ経済の好循環は達成できない．

賃上げしないと

- 生活が苦しく労働者が困る
- 販売が伸びず企業が困る
- 物価が上がらず日銀が困る
- 税収が上がらず増税ができず財政危機が生じる

が，賃上げすれば

［1］　家計の所得が伸びて，消費が伸びる
［2］　消費が伸びれば，非製造業中心に投資が伸びる
［3］　消費や投資が伸びれば，企業貯蓄が減り財政を出さずに済むので財政再建が進む

と良いことばかりなのである。

　しかし政労使会議などの政府の取り組みを，過剰介入だと居丈高に非難する向きもある。それではこのまま企業貯蓄を放置していていいのだろうか。スポーツでは時間稼ぎのための遅延行為に対してはイエローカードが提示されるように，ファイティング・ポーズをとらない企業に対して政府はレフェリーとして警告・指導するべきではないのだろうか。介入をタブー視して見て見ぬふりをして済ませられる問題ではない。

第5講
好循環をもたらすマクロのリンク：家計への波及

■第4講で考察した企業貯蓄と賃上げの影響を，伝統的なマクロ経済学のビルディングブロックである労働分配率，オークンの法則，フィリップス曲線に位置づける。

5.1 マクロ経験法則

　ここまで企業部門から家計や労働市場への波及が景気循環の第2段階であり（**第3講**），企業には余剰資金が溜まっている（**第4講**）ことを見た。この労働市場への波及を表すマクロ経験法則として，

[1] 数量面での波及：実質体系上のオークンの法則（5.2節）
[2] 価格面での波及：名目体系上のフィリップス曲線（5.3節）

が伝統的に重要視されている。さらに重要なルートとして

[3] 企業における設備投資関数は既に**第4講**で検討したが
[4] 家計における「所得と消費」の関係を示す消費関数と
[5] 企業利潤と人件費・設備投資の関係を示す労働分配率

についても検討しよう。

■ 労働分配率と消費関数

　まず労働分配率は通常，雇用者報酬が分子，国内総生産が分母として測られる。いったん企業が利潤を貯めてから，設備投資や賃金増加に利潤を振り

図 5-1　好循環：ほぼ一定の消費性向と労働分配率

向ける尺取り虫型の動きをするものの，長期的にはこの比率は安定している。分母・分子が共に増えれば分配率が一定であっても賃上げで好況となる。しかし実は「真の労働分配率」は長期低落傾向にある。その理由は日本の就業人口は自営業から雇用者に移動しており，雇用者数自体が増加しているためである。このため雇用者への分配率では一定であっても，労働の分配率という意味では一定と考えることは実はできない。この点は時に交易利得と実質賃金の関係で誤解を招くことがある。

　一方，日本の消費関数は安定的であり，所得が増加すると消費は同様に増加すると指摘されてきた。日本の賃金は生活給的と言われ，生活を保障するために安定的に支払われてきたのである。この状況では消費性向は安定的になり，いわゆるケインズ型消費関数が成立する（図5-1）からである。消費停滞は家計が財布のひもを締めたからではない。企業が給与を上げないためだ。この結果，日米企業の景気循環に対する反応は異なったパターンを持つ（第3講）。

　ただし平均消費性向は消費税増税前後，低下気味ではある。累進税制や社会保障費の増加の影響もあり，また一方でアベノミクスでは主婦や高齢者の非正規労働者が増加した（第11講）が，その賃金は消費に回らなかったと

考えられる。雇用状況が好転するにつれて，老後に暮らしていけるのか，長生きのリスクが多くの家計で意識されてきた。もちろん働きやすい環境づくりによって政府は家計が自ら老後に備える自助努力をサポートすべきだが，利潤を賃上げに回さずに貯蓄してしまう企業に対しても，何らかの働きかけをする必要がある。

> **練習問題**
>
> 家計の総消費支出に占める飲食費の割合は所得が高いと低下するというエンゲルの法則から，現在は貧困化が進んでいるという意見がある。家計調査では所得階層別の消費動向のデータが得られる。データをもとに今の日本がどうなっているか考えよう。

5.2 労働市場への数量的リンク
：オークンの法則

■ 自然率とギャップ

第1講で経済変動にはトレンドとサイクルの区別があることを学んだ。トレンド線上の経済の平常の状態を表す変数として，

- 労働市場には自然（構造）失業率
- 生産物市場には自然利子率や潜在 GDP

が考えられ，このような変数は自然率と呼ばれることが多い。自然率と実際の変数の差であるギザギザの部分を表すのがギャップ変数である。

文字通り GDP ギャップと呼ばれる変数が代表的であり，これにはさまざまな計測手法がある。代表的なものは生産関数アプローチと呼ばれ，稼働率のデータなどから，資本（や他の生産要素）が完全あるいは平均的な稼働水準になったら，どの程度の GDP が得られるかが計測されている。

ただし日本経済に加わるショックが激しいため，計測は安定的でない。このため在庫や稼働率・労働保蔵などあまり加工していない変数をギャップとして考えるのもよい。簡単なものとして，**第1講図 1-5** で示した通り，日銀

短観の業況判断もある。これらの諸変数には論理的な関係と実証的な関係がある。**第2講**で学派間で潜在成長率の見積もり方が違うことを示したが、たとえば「構造」失業率は「潜在」成長率とオークンの法則から逆相関関係にあり、実際のデータを見ても構造失業率が低いなら、潜在成長率は高くなる。

■ オークンの法則

潜在成長率を考える簡便な方法として、生産物市場と労働市場の関連を考えるオークンの法則がある。70年代以降の米国の失業率と実質GDPには次の関係がある。

実質GDP成長率＝2.4％－2×(今年の失業率－昨年の失業率)

オークンというのは、この関係を最初に研究した経済学者の名前であり、上式は失業率が変化しなければ、実質GDPはほぼ2.4％の率で拡大していくことを示している。ここでの切片の2.4％が潜在成長率であり、ノーマルな成長率と考えられてきた。しかし日本では1980年代の研究以来、オークンの法則は不安定とされてきた。

■ 変化する2つの理由

日本のオークンの法則をグラフでまとめると、注目点は以下の3点になる。

[1：派生需要] 90年代前半より、実質GDP減少に伴って失業率が拡大し

[2：便乗リストラ] 90年代後半には、失業率がGDP下落率を上回って急上昇する過剰反応が見られた。

[3：非正規雇用] 2004年以降、非正規雇用等の増大に伴い、失業率は急好転している。

つまり失業率が過剰に反応するようになってきた。オークンの法則の現状の最大の問題は、GDP変化が小さいにもかかわらず、失業率は急低下していることだ。理由として考えられるのは

[1] 失業率は労働力人口が分母で導出されるが、その労働力人口増加率

図 5-2　労働力人口変化率を考慮したオークンの法則

が減少している影響（式で計算しないとわかりにくい。練習問題参照）
[2]　非正規雇用の影響で失業率が低下している影響

である。ただし人口減少により現役世代が減って高齢者雇用が増えたため，非正規化が進んでいる側面があり，両者は補完的である。図5-2は労働力人口変動を考慮したオークンの法則を図示しており，フィットの良いことがわかる。

> **練習問題**
>
> GDP を $Y_t = AN_t^\alpha$ と置き（N_t は雇用量），$N_t = (1-u)L_t$（L_t は労働力人口）から，対数階差をとって，オークンの法則を解析的に導出してみよう。

5.3 名目体系と物価へのリンク
: フィリップス曲線

以上では実質体系で用いられるベンチマークと，そこに見られるサイクルについて考察した。次に物価をとらえる諸関係（フィリップス曲線・フィッシャー方程式・ユニットレーバーコスト）を考えよう。

■ フィリップス曲線を巡る議論

インフレと失業のトレードオフを表すフィリップス曲線はマクロ経済学のさまざまな議論の中心となってきた。もともとフィリップス曲線は，英国の100年近くからなるデータについて，横軸に失業率，縦軸にインフレ率（もともとは名目賃金上昇率）をとってプロットしたもので，図5-3のように逆相関していることがA.W.フィリップスという経済学者によって示された。

π_t をインフレ率，x_t を失業率のような需給ギャップを表す変数とすると，

$$\pi_t = f(x_t) \tag{1}$$

となり，両変数は f で表される関数で関係づけられる。

このフィリップス曲線から，1950年代，60年代のマクロ経済学者たちは，

[a] 景気の良いときは多少のインフレが起こっている。
[b] 同時に失業率が減っている。

と考えた。これは経験的にそうなっていたわけだから，必ずしも間違いではない。しかし，同時に起こっている相関関係があるからといって

[c] 失業を減らすには多少のインフレはやむを得ない，とか
[d] インフレを起こせば失業率は減る。

と因果関係を考えるには，飛躍があった。

当時，マネタリストと呼ばれた米国の経済学者ミルトン・フリードマンは，従来のフィリップス曲線のとらえ方はおかしいと考え，1968年に「名目現象であるインフレと実物現象である失業率には本来は関係がないし，関係も

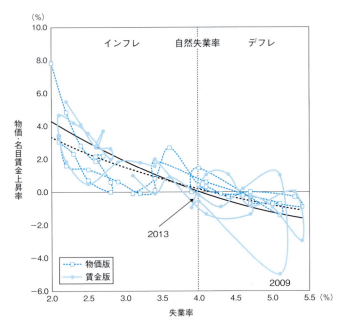

（データ出所）　総務省，厚生労働省。名目賃金上昇率は「毎月勤労統計調査」の現金給与総額（30人以上事業所）より

図 5-3　物価版・賃金版フィリップス曲線

なくなる」と予言した。

具体的には π_t^e を期待インフレ率として，(1) 式に挿入した。

$$\pi_t = \pi_t^e + f(x_t) \tag{2}$$

この式では，期待インフレ率がゼロのとき（$\pi_t^e = 0$），インフレ率と需給ギャップ（失業率）のトレードオフの関係が成り立ち，単純なフィリップス曲線となるが，通常はインフレ率と需給ギャップのトレードオフの関係は成立せず，期待インフレ率（π_t^e）の変動に影響を受ける。また期待と現実のインフレ率が一致するとき（$\pi_t = \pi_t^e$），需給ギャップはゼロとなり，この安定した状態を長期と呼んで，そこでのフィリップス曲線は垂直となる。

> 期待インフレ率に静学的期待（$\pi_t^e = \pi_{t-1}$）を，需給ギャップ（x_t）は失業率（の逆数）を採用すると，(2) 式は $\pi_t - \pi_{t-1} = f(x_t)$ となるが，ここでインフレ率の変化幅がゼロになるような失業率（x_t）は NAIRU（Non-Accelerating Inflation Rate of Unemployment）となる。

　実際にフリードマンの予言は的中し，70年代にはフィリップス曲線は上方にシフトして，インフレと失業が同時に発生するスタグフレーションが起きた。フィリップス曲線が示す安定的な関係が崩壊し，[a] から [d] までの主張はいつも成り立つとは言えなくなった。この現象は人々が将来もインフレが継続すると期待し，その結果，期待インフレ率が上昇したためと考えられている。

■ デフレ脱却は失業率4％

　第4講で示したように，フィリップス曲線は日本のマクロ経済の理解のために極めて有効だ。フィリップス曲線は通常は散布図で描かれるが，図5-4 では時系列で表し，この曲線が表す消費者物価指数変化率と失業率の逆相関関係の間に，非正規雇用の状況を表す変数を加えてみた。この三者は見事に相関している。つまりこのグラフは，非正規雇用の時給が上昇して始めて，物価が上昇することを示唆している。

　なおデフレ脱却という言葉は極めて多義的に使われており，恒常的にインフレ率が2％を上回らないとデフレ脱却ではない，などと言われることもある。しかし2％ものインフレ率とはとてつもない数字であり，実はここで言われている2％とはインフレ率がゼロを上回る時の「失業率」のことだ。そしてそれはグラフより明らかに4％である。

　このように非正規雇用が媒介となって，失業率と物価の関係を表すフィリップス曲線が得られるという点は，物価の動きを考える上で極めて重要な結果である。お湯がぐらぐらと沸くように，マクロ経済が沸騰すれば自然な形で非正規雇用の待遇は改善していく。

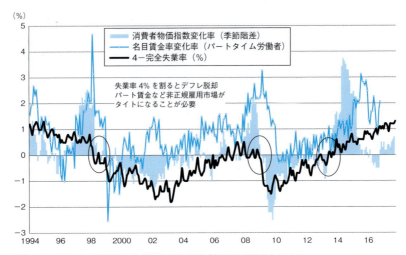

(注) パートタイム労働者の定義と名目賃金は「毎月勤労統計」による。
(データ出所) 日本銀行、厚生労働省「毎月勤労統計」、総務省「労働力調査」

図 5-4　フィリップス曲線とパート時給：デフレ脱却と 2％目標は異なる

練習問題

2％のインフレをもたらす失業率は何％になるのか，物価や賃金・雇用のデータから考えなさい。

■ 賃金水準とインフレ率

インフレ率と密接に関連するものとしてユニットレーバーコスト（ULC：Unit Labor Cost）がある。ULC は生産一単位当たりの労働コストを表し，

$$\text{ULC} = \frac{\text{名目就業者報酬}}{\text{実質 GDP}} = \frac{WN}{(Y/P)}$$

（または両辺を就業者数で割って，ULC ＝ 一人当たり名目賃金／労働生産性）

として計算される。言い換えれば ULC は名目賃金の上昇と労働生産性の相対的な関係を表している。名目賃金 W が上昇しても労働生産性 Y/N がそれ以上に高まれば ULC は低下するし，名目賃金に変化がない場合は労働生産

（データ出所）　内閣府「国民経済計算」

図 5-5　生産性基準原理・ユニットレーバーコストとデフレーター

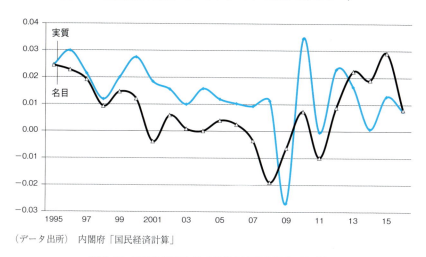

（データ出所）　内閣府「国民経済計算」

図 5-6　労働時間当たりの労働生産性上昇率（年度）

性が低下すればULCは上昇する。

　図 5-5 は ULC と GDP デフレーターをプロットしている。これを見ると明らかに両者は相関していることがわかり，賃金の動きが影響を持つことがわかる。

5.3　名目体系と物価へのリンク：フィリップス曲線　　77

また図5-6が示すところ,労働時間当たりの労働生産性上昇率が名目・実質値ともさほど近いわけではなく,賃金上昇が定まらないこともわかる。

■ デフレに複雑な議論は必要か

デフレを巡って,これまでさまざまな複雑な議論が展開された（第9講表9-4）。しかしパートやアルバイト賃金を観察したりするなど,もう少し労働市場の実際の制度面に即して考察を進めたほうが,より生産的ではなかったか,と筆者は考える。

マクドナルドが人件費高騰などの理由により,地域別価格を導入した（2007年6月）。物価の動きにはさまざまな要因があるが,最大の要因は費用の過半を占める人件費であり,その限界水準は非正規雇用の賃金に表されることを,マクドナルドの事例は示している。

5.4 持続的な好循環をもたらすために──「できること」

ここまでさまざまな経験法則の検討を通して,生産物市場と労働市場のリンクを考察してきた。

賃上げを行えば,

- 需要増大から,失業率を低下させる（オークンの法則）ことができるし,
- 失業率が下落すればインフレ率に波及（フィリップス曲線）する。

ところが現実には失業率が激減したにもかかわらず,GDPやインフレ率はさほど上昇していない。そこで両者の共通要因である失業率に問題があることになろう。

ただ日本経済の動きの判断材料として使うという点からは,

- 景気転換点の理解に向けては出荷・在庫バランスや在庫循環図（第3講図3-3）
- 物価の理解には賃金の（限界的な）動き

表 5-1　マクロ市場と経済変数

	価格	数量	数量とギャップ	名目と実質など
物的資本市場	●利子率	●投資・貯蓄	●設備稼働率	●フィッシャー方程式
労働市場	●賃金	●失業率	●オークンの法則 ●フィリップス曲線	●労働分配率
生産物市場	●インフレ率	●GDP	●GDP ギャップ ●在庫	●ユニットレーバーコスト
金融資本市場	●株価	●マネーストック・貨幣乗数		●マーシャルの k

表 5-2　経済変数と見積り

		リフレ派	財政懸念派
インフレ目標値	フィリップス曲線	2%目標	無関心
構造失業率		低く見積もる	高く見積もる
潜在成長率	オークンの法則	高く見積もる	低く見積もる

- そしてベンチマークとなる成長率の水準は，日銀短観の動き（**第1講図1-5**）

が，それぞれ有効だろう．

■ 同時決定と先行遅行関係

本来，基本的な新古典派マクロ経済学の考え方は一般均衡的同時決定だ．

- 生産関数と効用関数のパラメーターが決まれば，生産量・消費量・投資量・雇用量などの実質数量変数と相対価格が同時に決定
- 貨幣数量説により，名目価格水準が決定

つまり，消費財の対価として労働を供給するわけだし，客を待つことや在庫変動といった無駄は生じないことになる．しかしこの同時決定をもたらすワルラス・メカニズムは経済学の考える理想的な状態であり，理論的なフィ

クションにすぎない。

　一方，ケインズ的な考え方では，生産量は内生変数であり，政策などで動かせる。その結果，波及関係を関数として，方程式で考察することが必要だ。

　需要変動を主として，短期のサイクルを考察する場合，各変数間の先行遅行関係を考察する必要がある。マクロ経済の4つの市場の代表的指標には，GDP・労働量・資本量（利子率）・インフレ率など，価格・数量・正常水準とギャップそして名目と実質などのカテゴリーにより，表5-1に示されるようにいくつもの変数がある。これらの指標間の（先行遅行）関係がさまざまなマクロ経験法則として分析されている。

第 6 講
金融（1）
：デフレーションと貨幣数量説

■貨幣数量説は日本経済にどの程度当てはまるのか，バブル崩壊以降の長期停滞にはどうなのか，当てはまらないのなら，何が問題なのか，を信用創造の古典的説明と共に考える。

6.1　貨幣は万能引換券

　本講では貨幣と金融について説明しよう。金融政策とデフレの議論は混乱が激しい。その理由は理論的な枠組みと制度的なメカニズムへの理解の不足にある。本講ではまず基本的な貨幣数量説の枠組みから説明する。

　貨幣とは何だろうか。貨幣の機能についてはマクロ経済学でいう 3 つの役割（価値尺度・交換手段・価値保蔵手段）があるが，中でも以下の交換手段の役割が重要だ。

- 貨幣は言わば万能引換商品券で
- 為替レートやインフレーションは商品券の価値の変動を表す。

　ここでは各国通貨を商品券に例えて説明してみよう。デパートではさまざまな品物を売っている。六越デパートでも大角デパートでもそれぞれの品物の値段はそれほど変わらない。これは為替レートの購買力平価説と言われる仮説の直観的な意味になるが，それでは六越デパートの商品券（六越国の通貨）と大角デパートの商品券が同じ価値か，といえば，そうとは限らない。

　チケット屋に行けばさまざまな商品券が売っているが，信用のある老舗や便利な立地，品揃えのいい店の商品券は値段が高いものだ。景気の良い店は

商品券の値段が高く，悪い店は低くなる。これを一国の通貨に当てはめてみると，もし日本の景気が他の国に比べて良ければ，円は高くなり，米国の景気が良くなればドル高となるはずだ。

ではなぜ円高は景気に悪影響を及ぼすと言われるのだろうか。それは，便利なデパートの商品券でも高価すぎる（つまり円高）と誰も買わなくなってしまうからだ。額面1万円の商品券をチケット屋で購入するとき，六越なら9500円だが，大角なら9000円だとすると，いくら六越の方が使い勝手が良くても，客は大角に流れてしまう。この場合，自国通貨（商品券相場）が高すぎるとデパートは困ってしまう。

これらの要因をまとめて，個別のデパートの立場における商品券の価格戦略を為替レートで表すと

- 円高維持は老舗のブランド堅持など高価格戦略だ。一方，
- 円安は安売り戦略だ。

もちろんどちらが一方的に正しいということはない。各店の戦略によって適度な値段のポイントがあるということだ。

■ 資産と為替レート

ここまで説明したのは為替レートの「モノ」との引換券としての側面だ。しかし為替レートには「資産」としての側面や「借金証文」としての側面もあり，そこから変動が生じることもある。これはデパートの商品券（証券）を大量に買って使わないで貯蓄手段として置いておくと，利子つまりポイントがつくようなものと考えることができる。将来，大きくポイントがつく見込みのある商品券は高く，そうでない商品券は安い。景気が良いとポイントも大きくなるため，好況期には通貨高となるはずだ（理論的には消費成長率と利子率は順相関する）。

しかし日本政府は円高懸念のためもあって，低金利政策をとってきた。商品券で例えると，ポイントをつけて価値を高めて借金をしやすくする（円を買って保有してもらう）よりも，ひたすら輸出企業優先で安売りをして品物と交換してもらうことを狙ってきたことになる。ただしこのような政策を各

国が同時にとると，為替レート切り下げの安売り合戦となり，世界経済は壊滅的な状況に陥ってしまう。

このように考えると，よく通貨価値の国際間調整は，通貨マフィアが決めているなどと神秘的な言われ方をされてしまいがちだが，実際には安売り券をばらまかないようにデパートと商店街で監視しあっている状況であるといえる。国際舞台では政治家は為替に言及しないという不文律があるとも言われ，そうした点もアベノミクスの異次元緩和の理解を難しくしている。

さらに低開発国ではドル化といって，事実上ドルと自国通貨を連動させる動きが見られる。これは小さな商店街が商品券を出しても需要されにくいので，大きなデパートの商品券（ドル）と共通させると考えればよい。

なお通貨危機に見舞われた多くの低開発国では自国通貨安は好ましくない。なぜなら多くの国ではドル建てで資本を輸入しており，自国通貨安では借金が増えてしまうからだ。にもかかわらず通貨安による輸出主導の回復策がとられる場合，資本輸入の傾向が強まって外国資本の経済的植民地となってゆくから，多くの低開発国にとって，その後の大きな問題となる。

国力が低下し通貨危機に見舞われたら，円が紙切れになると懸念されるが，それは半分正しく半分正しくない。例えば緩やかに国力が衰退して（大きなデパートから小さな専門店に移行して），ソフトランディングすれば，通貨は引換券なのでビールに換えられる限り価値は維持できる。一方，過去を否定するようなクーデターなどハードランディング（デパート倒産）が生じた途上国では，交換可能性が担保されなくなるため通貨は紙切れとなってしまう。

練習問題

楽天やヨドバシカメラなどでは期限付きポイントが付与されている。この狙いと，現実の貨幣へのポイント制の適用について考えよう。

6.2 貨幣数量説はどのくらい当てはまるのか

それでは万能引換券である貨幣の価値はどうやって説明されるのだろうか。

一番簡単な貨幣数量説では以下の式から，説明される．

$$M \cdot \bar{V} = P \cdot \bar{Y}$$

（貨幣ストック）・（一定の流通速度）＝（物価水準）・（実質産出量）

新古典派の想定では Y と V は上式の外で外生的に決まる．このため M と P は比例する．つまり政府が貨幣ストック M を増やせば物価 P がそのまま上がり，インフレになるというわけだ．

貨幣数量説そのままなら，M と Y の関係はない．よって金融政策の効果は全くない．しかし現実の経済には，名目価格の硬直性など「摩擦」があるから，これらの変数間には短期的な関係が存在すると考えられる．そこで（古い呼称だが）マネタリストと言われる人々は，摩擦による不規則な変動をもたらさないよう安定的な M の増大が望ましいと考えていた．なお，貨幣数量説については，本講末の補論で，より詳しく解説する．

以上の式だけを考えていれば，貨幣は引換券であり，理論的根拠もはっきりしているように見える．事実，リフレ派と呼ばれる人は上記の説明を行い，アベノミクスで大きな力を持った．

■ 貨幣数量説で説明できるところ，できないところ

この単純な貨幣数量説で，1970 年代までの日本経済における貨幣と物価の関係は大まかには説明できる．金融と物価水準について戦後の大きな事件を挙げると

[1] 太平洋戦争終戦直後の超インフレーション
[2] 70 年代初頭の石油危機後の大インフレーション（図 6-1）
[3] 90 年代初頭のバブルと不良債権問題
[4] 90 年代以降のデフレーション

ということになる．最初の 2 つの事件は基本的に貨幣供給量が増加すればインフレーションが起こるという貨幣数量説の考え方と整合的である．当時の日本はむしろ高インフレの国であり，それを制御するための金融政策が求められたのである．

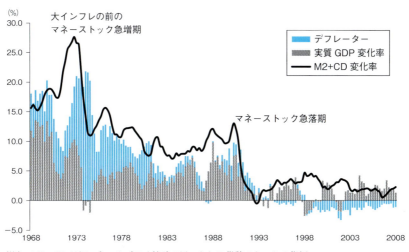

(注) M2＋CD は旧マネーサプライ統計で用いられる貨幣ストックの指標。
(データ出所) 内閣府「国民経済計算」，日本銀行

図 6-1　マネーと実質 GDP・デフレーター

しかし残りの2つは違う。バブルとは，貨幣供給量が上昇すれば物価が上がるはずなのに，上がらず，株価や地価などの資産価格が上昇してしまうことを意味するし，デフレーションとは物価が下がってしまうことを意味する。

> **練習問題**
>
> 物価統計を調べ，デフレの中でどのような商品の価格が変動しているか調べよう。

6.3　信用創造の教科書的説明

そこで単純な貨幣数量説に加えて，銀行の信用創造を考察してみよう。

■ マネタリーベースとマネーストックの関係

貨幣にはもともとマネタリーベースとマネーストックの区別がある。

- **マネタリーベース**（MB：ハイパワードマネーとも呼ばれる）とは日本銀行が供給する貨幣であり，形のあるお札がほとんどを占めている。正確な用語では流通現金（「日本銀行券（具体的には紙幣）発行高」＋「貨幣（法令用語としての「貨幣」は硬貨のみを指す）流通高」）と「日銀当座預金」の合計値だ。一方，
- **マネーストック**（MS：2008年以前の日銀統計ではマネーサプライ）とは銀行預金などを含む概念であり，「金融部門から経済全体に供給されている通貨の総量」を示している。具体的には，一般法人，個人，地方公共団体などの通貨保有主体（＝金融機関・中央政府以外の経済主体）が保有する通貨量の残高を集計したものだ。

この両者の関係を巡っては後述するように議論がある。伝統的な教科書が示す考え方をまずここでは説明しておこう。

お札（マネタリーベース）が約80兆円発行されているとしよう。このお札は

[a] 銀行に預けられる分（預金通貨など）と
[b] 手元に残される分に

分けられる。前者の大部分は銀行から企業などに貸し出されていき，また [a] と [b] の部分に分かれる。[a] の預金通貨などは1000兆円にも上る。マネタリーベースは銀行や企業，家計を行ったり来たりして，12回転以上することになる。

以上の貨幣供給のプロセスを理解するためには

- 中央銀行をレンタルビデオチェーンの本部で
- 市中銀行がフランチャイズ店

と考えるとよい。もともとのレンタルビデオの個数がマネタリーベースで，レンタルビデオの個数×回転数がマネーストックだ。マネタリーベースを増やせば，マネーストックが増加するかが問題となることが多いのだが，以下のように考えればわかりやすい。

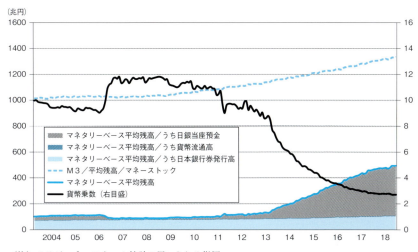

図 6-2　貨幣の量的指標と貨幣乗数

(注)　M3 はマネーストック統計で用いられる指標。
(データ出所)　日本銀行

- 需要が旺盛でいつもビデオがレンタル中なら店頭在庫数を増やせば，確かにビデオの総貸出量は増えるだろう。これは通貨主義と呼ばれる状況だ。
- しかしビデオに人気がなければ棚に並べていても，総貸出量は増えない。これは銀行主義が当てはまる状況だ。

つまり資金（ビデオ）需要が旺盛なときと，そうでないときでは政策効果は変化する。金融政策は「ひも」であり，引くことはできるが押すことができないと言われる。資金需要が旺盛なときには，引いたひもを緩めれば，景気刺激になるが，既に緩めていれば，それ以上押すことはできない。

実際，図 6-2 で示されるように，マネタリーベースは増加しているが，マネーストックは増加していない。どうしてこのようなことが起こるのだろうか。

6.4 ゼロ金利政策と量的緩和の具体的意味

ただ日本経済の現状は，これらの説明では不充分な事態となってきた。近年の新しい概念である

[a] ゼロ金利政策
[b] 量的緩和
[c] インフレーション目標政策（第9講）

を検討しよう。

■ ゼロ金利政策

まずゼロ金利政策はコール市場と呼ばれる短期の銀行間市場で日本銀行が無担保コール翌日物金利（名目金利）をゼロに誘導する政策だ。この政策のきっかけとなったのは，1998年11月の長期金利の突然の上昇だ。もともと超低金利政策が続いていたが，99年2月に日銀はゼロ金利政策に追い込まれた。名目金利がゼロ以下とは，銀行預金で言えば，預金者がいくらか「預け料」を利子とは逆に支払うことになる，ということだ。それでは預金が集まらないため，金利はゼロ以下には通常は下がらず，これを名目金利のゼロバウンドという。この制約のもとで金利操作は限界となった（第9講図9-3も参照）。

コール市場は銀行間で余剰資金を融通しあう場所で，以下の特徴がある。

- 銀行が日銀に持つ当座預金を通じて取引される。
- 当座預金には日銀から積立を義務づけられた準備預金と自発的に銀行が預ける超過準備がある。
- MB（マネタリーベース）は流通現金（日本銀行券発行高＋貨幣流通高）と当座預金の和だが，当座預金の残高は資金繰りの数量の規模を表す。

この銀行が銀行に融通しあう市場をコントロールするからこそ，中央銀行は「最後の貸し手」や「銀行の銀行」と呼ばれているのだ。

■ 量的緩和と金融政策のターゲット

ゼロ金利政策の次に打ち出されたのが，量的緩和政策だ。これまでの金利の操作，つまり「価格」を中心とした政策とは違い，「数量的」な政策であることが特徴である。より詳しく言うと日本銀行は2001年3月19日，

[a：量的緩和政策] 主な金融調節の対象を，無担保コール翌日物金利から，日銀当座預金の残高に変更

[b：時間軸効果] そしてこの量的緩和政策を，消費者物価指数（全国，除く生鮮食品）の前年比上昇率が安定的にゼロ％以上となるまで続けることを約束

の2点を発表した。2006年3月に量的緩和，7月にゼロ金利政策は解除されている。この量的緩和は「量的」という部分と「緩和」という部分に分けて考える必要がある。

■「量的」の意味

まず「量的」の意味だが，「数量」つまり貨幣の量を見て金融政策を行うということだ。伝統的な金利の操作，つまり「価格」を中心とした政策とはここが異なる。図6-3(b)のような通常の「価格」と「数量」の図で分析できる。

伝統的に日銀は金利をターゲットに政策を行ってきた。もちろんゼロ金利政策も価格と言うべき名目利子率をターゲットにした政策だから，金利政策だ。この政策は名目金利がゼロになると，もうそれ以上動けない。図6-3(b)では上下の動きとなる。

しかし現預金などの流動性の量を直接操作し，ハイパワードマネーやマネーストック（サプライ）の伸びを操作する方法が量的調整，図でいうと左右の調整になる。本来，「量的緩和」の「量」には，さまざまな目標が考えられる。操作目標であるマネタリーベースや中間目標であるマネーストックなどだ。

通常の状況の場合なら，「量的指標」を見るか，「価格指標」を見るか，どちらにするかという問題は，中央銀行に直面する技術的な問題にすぎない。

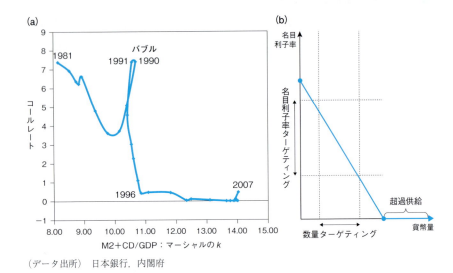

図 6-3　貨幣需要関数

しかし当時は量的緩和で「緩和」がついていた点が，問題となる。

実際に貨幣需要関数をプロットしてみよう。図 6-3 (a) では GDP で割った貨幣需要（マーシャルの k）を示している。1981 年から名目金利（コールレート）が減少するにつれて，貨幣需要は増大している。この結果は標準的な貨幣需要関数の想定，つまり金利に対して負に反応するという点と整合的だ。しかし問題は 1996 年以降よりほとんど水平になっている部分をさらに伸ばそうとした時期だ。

■「緩和」の意味

そこで「緩和」の部分を考えてみよう。具体的には金融機関が保有する無利子の日銀当座預金の残高を法律上必要とする限度以上に増加させようとしたのが量的緩和だ。

この政策は消費者物価指数が上昇するまで続ける，と先述したように日銀は言明していた。この「ずっと続ける」という約束が時間軸効果と言われる

ものだ。日銀では、将来にわたる金融緩和についての日本銀行の「約束（コミットメント）」に伴う効果という意味で、「コミットメント効果」とも呼ばれるとしている。

住宅ローンを金利ゼロで当面、貸してやると言われても、それが変動金利なら現在の金利がいくら低くても、将来の金利が上昇すれば家計のローンの負担が大きくなる。そこで「利上げ」はある事態が起こるまで（物価が上がるまで）行わない、という将来の行動についての約束を行ったことになる。

■ 量的緩和政策の３つの役割

ここまで本講で検討した量的緩和政策の役割は

[1] マクロ経済政策としての金融政策だが、他にも量的緩和には
[2] 流動性危機に備える役割、また
[3] 為替レートへの影響を重視する見方

がある。流動性危機については、**12.2 節**で詳しく検討することにするが、2008 年のような突発的な金融危機に対して流動性を供給する場合、その政策効果は否定できない。さらに 2008 年の金融危機においても、各国中央銀行において類似の政策が実施されていた事実がある。しかしながら日本において流動性危機が厳しかったのは 1997, 98 年と 2003 年前後に限られ（**第 4 講図 4-5 も参照**）、また日本銀行の説明も流動性危機に備えるためというより、マクロ経済への影響を中心に説明していた。結局、量的緩和政策は日本のように何年もやるものではないということだ。

インフレの制御を車の運転に例えると、

● 日本では車が走り出さないことが問題であるのに対し、
● 米国では車をどのようにスムーズに走らせるか、という問題になり、

両者が扱っている問題は違う。さらに過剰消費体質の米国では金利要因が消費に大きく影響するが、日本ではさほどでもないことや、米国のように価格や賃金設定をばらばらに行う慣行を反映したモデル（カルボ型と言われる）ではなく、春闘のような統一的賃金設定を考察するなど、政策を長期化させ

る前に本来考えるべきことは多数あったはずだ。

さらに為替レートへの影響も事後的に考察されているが，為替レート自体がマクロ経済にとって中間目標であり，最終的な金融政策の目標にはなり得ない。

> **練習問題**
> 米国のインフレ率と政策金利の動向を調べ，どのように金融政策が行われているか理解しよう。

6.5 ニューケインジアンモデルは何をとらえているか

■インフレサイクルと日本の金融政策

教科書的な不況の理解では，好況期が続くと民間企業では人件費など費用の伸びが売上の伸びを上回ってくるので，景気過熱とインフレを防ぐために，中央銀行が金利引き上げなど金融引き締めを行い，そこから不況が生じると考える。我が国においても固定相場制度の時代では，外貨の減少に伴い日銀の金融引き締めによる不況が不可避であった。しかし近年の日本では必ずしもこのメカニズムは働かない。

- 近年の不況は2度の石油危機，円高懸念，バブル，2度の金融危機による「想定外」のものであり，インフレが主導した不況ではない。
- 日銀による公定歩合引き上げに示されるような大きな引き締めは，2度の石油危機とバブルに対応するために行われたわずか3度である。

この理由は中期停滞であり，為替レートの動き（**第7講**）と関係している。好景気は円高を呼び，輸出悲観論から金融緩和が叫ばれることが多いのだ。好況の時は円高で利下げ，不況の時は内需喚起で利下げでは金利が上がるときはない。

■ 米国製動学モデルの限界 (1): 負のショック

米国製マクロ動学モデルは米国の現実を抽象化したものだ。その大半は以下のように分類される。

> [a] 内容は何かわからないけれど負のショックは起こり，それは完全競争市場のもとで不可避であるとみるのが RBC（リアルビジネスサイクル）モデルであり，
> [b] 負のショックが名目価格硬直性のもとで増幅されるが，その増幅分は金融政策で除去可能とするのがニューケインジアンモデル

である。これらのモデルは負のショックをどう切り抜けるかという，言わば障害物競走の中のドライビングテクニックが主眼であり，障害物の中身を分析しているわけではない（標準的な RBC モデルでは輸出や在庫変動は扱われない）。さらに日本経済が直面する企業貯蓄の増大，つまりより本質的な車のエンジンの不調を改善してくれるエンジニアリングではないのである。

■ 米国製動学モデルの限界 (2): 賃上げか，期待インフレ率の上昇か

ニューケインジアンのモデルの大半は，期待インフレ率の上昇が，実質利子率の低下をもたらすという構造になっており，これらがリフレ派の主張のバックボーンになっている。

ただ繰り返しになるが 70 年代まで高インフレ国であった日本の実物面（金融市場は別）では，期待インフレを見込んで，企業が「投機的」行動を起こさないようにするシステムが，ビルトインされているし，そこから動くことは難しい（第 8 講）。

日本経済に適用可能かどうかはさて置き，今後ニューケインジアンモデルがマクロ経済分析のベンチマークとなり続けるかは，米国の利上げ次第だろう。利上げが成功すれば，今後も名目金利の調整でもって，従来通り米国のマクロ経済を運営することができることになり，それは既存のニューケインジアン的なモデルで分析可能な事態だ。しかし 90 年代以降の日本銀行が泥沼に陥ったように，金融政策で調整可能な事態を超えて落ち込めば，世界的にもマクロ経済学はベンチマークモデル不在の事態にもなろう。

補論　貨幣数量説の成り立ちと日本経済

　しかし貨幣数量説の成り立ちを考えれば，この意見があまりに雑駁であることがわかる。そこで先節の結果を貨幣数量方程式より，再検討してみよう。
　まずアービング・フィッシャーの**交換方程式**と呼ばれる恒等式から考える。アービング・フィッシャーは1920年代に活躍した米国の経済学者だ。貨幣を使って交換を行うとしたら，まず次の式が成り立つ。

$$M \cdot V = p \cdot T$$

（M：貨幣ストック）・（V：流通速度）＝（p：平均取引価格）・（T：取引量）

- 貨幣ストック M は経済全体にどれだけ貨幣があるのか，を表している。
- 流通速度 V はどれだけのスピードで貨幣が流通しているのか，を表しており，Velocity という単語の頭文字を取ったものだ。
- 小文字の p は平均取引価格で T は取引量だ。

　貨幣ストック M が60兆円で，年に10回取引に使われるとすると，左辺は600兆円だ。右辺はすべての取引を表している。ここで注意してほしいのは，以上の数量方程式はいつでも成立する**恒等式**にすぎないことだ。$M \cdot V$ も $p \cdot T$ も取引に使われたお金のすべてを表しているので両辺は等しいのだ。
　そこで3つの修正を加える。まず第1の修正だが，取引の平均価格 p や取引量 T は実際にはデータがない。そこで総物価水準（大文字に注意）P，と実質産出量 Y で代用する。

$$M \cdot V = P \cdot Y$$

（貨幣ストック）・（流通速度）＝（P：物価水準）・（Y：実質産出量）

　次に第2の修正として貨幣の流通速度 V を一定と置く（$V = \bar{V}$）。

$$M \cdot \bar{V} = P \cdot Y$$

（貨幣ストック）・（一定の流通速度）＝（物価水準）・（実質産出量）

この仮定が極めて大事だ。**流通速度一定の仮定**は70年代頃までの米国経済には当てはまるが，90年代以降の日本経済には当てはまらない。日銀がMを増やせばVが低下してしまうのだ。

　第3の修正としてYは労働市場と生産物市場の実物市場の一般均衡体系で決まると考える。ここでもバーをつけて$Y=\bar{Y}$とおく。そこでやっと以下の式から，貨幣数量説の主張をまとめることができる。

$$M \cdot \bar{V} = P \cdot \bar{Y}$$
（貨幣ストック）・（一定の流通速度）＝（物価水準）・（実質産出量）

　YとVはモデルの外で決まり外生的だ。ということは，MとPは比例する。MとPが比例するということは，政府が貨幣量Mを増やせば物価Pがそのまま上がる，つまりインフレになる。この結果が成り立つためには，上記の仮定が必要だが，2番目の仮定が日本経済では成立しなかったのだ。

　一方でケインズ型分析と言われるものは物価を一定（$P=\bar{P}$）と仮定する。

$$M \cdot \bar{V} = \bar{P} \cdot Y$$
（貨幣ストック）・（一定の流通速度）＝（物価水準）・（実質産出量）

　以上をまとめると，貨幣ストックMを増加させた場合，以下となる。

[a]　生産量Yが上がる基本的なケインズ的メカニズム
$$M\uparrow \cdot \bar{V} = \bar{P} \cdot Y\uparrow$$
[b]　物価Pが上がる新古典派的なメカニズム
$$M\uparrow \cdot \bar{V} = P\uparrow \cdot \bar{Y}$$
[c]　貨幣の流通速度Vが下がった日本経済の経験
$$M\uparrow \cdot V\downarrow = P \cdot Y$$

第7講 国際貿易構造の中の日本経済

■世界景気の中で日本経済はどのように連動し，どのような位置を占めるのか，日本の輸出構造をグローバル化のもとで考える。

7.1 国際的側面の2つの論争点

■ 輸出主導の景気循環と円安重視の為替レート

戦前に言われた言葉に，「平家」「海軍」「国際派」というものがある。国際派はスマートだが主流ではなく，対抗する「源氏」「陸軍」「民族派」に負けてしまうことが多い，といった例として使われていたようだ。このような対立は現在でも続いており，日本のマクロ経済における国際的側面については2つの論争点がある。

[1] 一つは円安がいいのか，円高がいいのか，

という点である。為替レートが円高に振れると輸出企業に打撃を与える。輸出企業が乗用車を米国で1万ドルで売ったとしよう。このとき輸出企業の収入は為替レートによって異なる。

- 1万ドル＝100万円（1ドル＝100円の円高の場合）
- 1万ドル＝150万円（1ドル＝150円の円安の場合）

円安のほうが輸出企業にとって有利だ。もちろん輸入企業にとっては円高のほうが有利なのだが，生産に寄与する輸出企業を重視する意味で，これまでの日本経済では円安が好まれたわけだ。このように為替レートとは相対価

表7-1 さまざまな立場と為替レート変動のコスト・ベネフィット

自動車など輸出企業のような外国にモノを売る立場	●受取金額が増加するので,自国通貨(円)安が望ましい
石油会社など輸入企業のように外国からモノを買う立場	●支払金額が減少するので,自国通貨(円)高が望ましい
途上国のような投資超過で資本輸入(カネを借りる)する立場	●他国通貨(ドル)建てで借りた場合,返済金額が減少するので,自国通貨(円)高方向への変化が望ましい
日本のような貯蓄超過で資本輸出(カネを貸す)する立場	●他国通貨(ドル)建てで貸した場合,自国通貨(円)安方向への変化が望ましい ●自国通貨(円)建てで貸した場合,自国通貨(円)高傾向が望ましい

格の一種だから,モノの値段が高ければ売り手が喜び,買い手が困るように,さまざまな立場によって,有利か不利かが異なる(表7-1)。米国政府はドル安容認発言は滅多に行わない。その理由は巨大な貿易赤字・対外債務国であるからだ。

■ データの推移［1］：輸出主導の景気循環

［2］ もう一つの論争点は輸出重視か,内需重視か

という点であり,具体的には,次の相異なる2つの主張のどちらが正しいのか,といった問題である。

［輸出重視］ 輸出が日本経済の生命線であり,輸出なしでは立ちゆかない。
　　　　　　　　　　　　　　　　　　　　　⇒［円高恐怖論］
［内需重視］ 輸出のGDPシェアは小さく,内需喚起が安定成長につながる。
　　　　　　　　　　　　　　　　　　　　　⇒［円高待望論］

この2つの議論はどちらが正しいのだろうか。静学的な「着地点」から言えば後者が正しいが,実務家の実感から言えば,「いきおい」を重視する前者が正しいと言えよう。輸出重視であれば円安がよく,内需重視なら円高がよいというように［1］と［2］は密接に関連している。

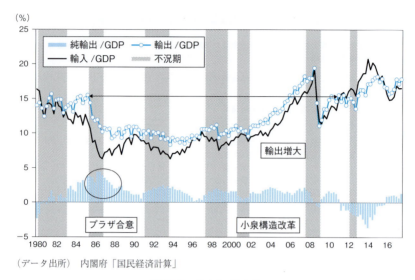

図 7-1 輸出入 GDP 比

このような相異なる 2 つの意見が併存する理由は，

［GDP シェア］ 輸出の GDP シェアは 20％未満であり，輸出が増え好況となると輸入も増えるので，輸出から輸入を引いた純輸出では非常にわずか（2～4％）にすぎないが（図 7-1），

［景気循環］ 輸出増大は，不況脱出の「きっかけ」となる（**第 3 講**図 3-1）

という事情がある。また好況感は GDP 比 2％程度に左右されるので，分量が小さくとも変動の激しい純輸出は重要である。ただし「きっかけ」は「きっかけ」にすぎないし，消費を含む内需は効用をもたらす「目的」であり，輸出は「手段」であると言える。内需への波及を軽視して，輸出ばかりを重視するのは望ましくない。ところが景気循環上，あまり大きく動かない内需を軽視し，「手段」であるのに動き出すと大きい外需をあまりにも大事にしすぎている。これではヘボ将棋，王より飛車を可愛がり，という状況になってしまう。

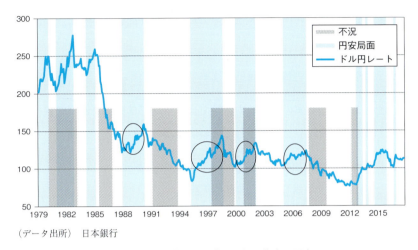

図 7-2　好況前期の円高と不況に先立つ円安

■ データの推移［2］：好況前期のドル安

次に為替レートと景気循環の関係を図 7-2 で見てみよう。為替レートは気まぐれに動き，経済に破壊的影響をもたらすと考えられがちだが，日本経済の場合は案外システマティックに動いていることがわかる。

- 景気日付や鉱工業生産指数と対応させると好況期の中央時点で転換しており円安は不況に先行している（図 7-2 の○印）。つまり好況前半期には円高懸念は当てはまるが，好況後半期には既に円安になっている。

以上の 2 点を合わせると

- 輸出が伸びると好況となり，
- 円安が景気を加速する

わけだから，とにかく円安を望むことになり，これがアベノミクスの人為的な円安誘導につながってくる。

7.1　国際的側面の 2 つの論争点　　99

■ 誤算：なぜ円安で輸出数量は伸びなかったのか

アベノミクス期の初期には輸出数量の伸び悩みが問題とされた。原因の第一は

> [A]　製造拠点の海外移転と海外調達率の増加

だ。確かに経済産業省の生産能力指数では，平均では微減だが，家電や通信といった目立つ分野で，急降下している。しかしアベノミクス期は

> [B]　機械中心の輸出構造を直撃する世界景気停滞下
> [C]　（条件反射を利用した）人為的な円安

であったから，という要因も大きい。

通常の円安はリスクオンといって世界好況に連動して生じる場合が多い。米国の状況というより，ドルを使って途上国に投資するからである。このとき米国にインフレが起こり，FRBの金融引き締めで，米国金利が上昇して，ドル高円安となる。世界はもともと好況だから，さらに輸出数量の伸びへつながり，2つの好況要因が複合していた。しかし今回はそうではなく，世界好況というもう一つの要因がなかった。今後の円安の加速には世界景気の上昇が必要であり，そうであれば通常のパターンに戻ったように思われる。

7.2　国際収支の直観的理解

■ 国際収支を農業社会で理解する

次に理解すべきことは国際収支である。直観的には

> 純輸出や経常黒字とは，日本が外国に貯蓄しているということ

である。輸出超過とは生産物を日本国内で使ってしまわず，外国に生産物を供給しているということだから，これは日本が外国に貯蓄していることになる。貿易摩擦が激しい80年代には，この点が大きな問題になった。少子高齢化が予想されていた当時から，経済学者の小宮隆太郎が説明したように，

貯蓄超過はトレンドの動きとして避けられないことなのだが，図 7-1 に示されるように，サイクル的には純輸出は好況期には減少する。そこで内需拡大が叫ばれ，その無理な刺激がバブルの発生につながった。しかし結局，貿易黒字は大きなままであり，輸出の対 GDP 比はプラザ合意前の水準に戻ってきた。

■ 輸出はきっかけ，内需が目的

　日本の景気は輸出が先導することはよく知られており（第 3 講図 3-1），世界の景気循環の動きに日本のマクロ経済は制約されている。財政危機のもとでは政府支出により内需を直接動かすことは難しく，輸出増大が日本の生命線であるというような議論が頻出する。さらにグローバル化が叫ばれるわけだが，実はそこには難しい問題と認識ギャップがある。

　まず日本の輸出は年間 50 〜 70 兆円程度で，500 兆円の GDP の残りのほとんどは非製造業と政府部門である。この比率を考えると，日本経済全体の平均や集計された数字，グラフは実はほとんどが非製造業部分を表しているのだが，一般にはそう思われていない。むしろ多くの議論の想定は輸出を行う製造業の著名大企業を中心として，それをもとに受け入れられやすいストーリーが作られている。

　輸出主導の効果が明瞭に表れる鉱工業生産指数は，「生産」指数であって，「付加価値」指数ではなく，また輸出が量的に大きく動くことは確かだが，単位当たりの波及効果が大きいわけでもない。平成 17 年（2005 年）版産業連関表で輸出の粗付加価値誘発係数は 0.84 で，政府消費の 0.94，民間消費の 0.88，公共投資の 0.89 よりも劣っており，民間投資の 0.83 を少し上回っているにすぎない。

　製造業の人件費はせいぜい売上高の 1 割程度だし，多国籍に展開する企業内では円高を相殺することも可能だ。そう考えると，これまであまりに円高恐怖症にとらわれていたのではないか。

■ 誤診の帰結：円安と購買力流出

　さて 2003 年以降，円高を食い止めるために大幅な為替介入がなされた。

実は我が国の好況期の初期には円高が生じやすい。その理由は2つあり，

- 自動車や工作機械など輸出品目が景気に過敏であること
- 労働保蔵等により，生産調整が素早いことだ。

　景気循環のプロセスはタネ火と着火に例えられることを**第3講**で説明した。輸出がタネ火であるとすると，円高はタネ火を消す危険性があることは確かだ。しかし一方で長期的な円高メリットも考えなくてはならない。

　実際，円安のための購買力低下は交易損失をもたらした。国民経済計算には，輸入デフレーターと輸出デフレーターのギャップを交易利得（損失）として算出したデータがあるが，その交易利得・損失の推移について対実質GDP比（2000年基準）で調べると，最近は4％近くになることが珍しくない。2005，6年の景気回復期においても4％も成長したわけではないから，小泉内閣期の構造改革と円安戦略とは一体何であったのか，**第9講**で再考しよう。

　ただ過去の経緯を見ると，交易条件を悪化させつつ，好況を実現してきたことは事実である。輸出品価格を引き下げて薄利多売を目指す方針はありうるが，何が何でも多売を目指すことは望ましくない。

> **練習問題**
> 　国内総生産と国民総所得・国内総所得の違いを調べ，内閣府Webサイトの国民経済計算のページでどう推移しているか考えよう。

7.3　日本の貿易構造
：ものづくり国家とは何か

■ ものづくり国家とは何を意味するか

　日本が輸出に敏感になるのは，貿易構造にも理由がある。

　まず日本の貿易依存度（開放度＝（輸出＋輸入）/GDP）自体は，ヨーロッパ諸国に比べてさほど高くない。日本は貿易立国と言われているが，実は貿易依存度は一時に比べて低下している。地続きのヨーロッパ諸国が高いのは当然だが，近年では日本の貿易依存度は米国よりも低くなっており，2016年

には輸出が約 97 兆円,輸入が約 92 兆円となっている。

貿易収支についてみると,1970 年代は,第一次石油危機,第二次石油危機後の数年は輸入超過となり赤字に転落するほどだったが,1981 年以降は輸出超過で貿易収支は黒字となっていた。ただし近年は赤字期もある。

輸入品目は以前は石油など鉱物性燃料が中心であったため,70 年代の石油危機で大きな打撃を受けたが,現在ではその比率は下落している。輸出品目の中心は 60 年代の繊維品から機械機器へとシフトしていき,現在では機械機器がシェアの過半を占めている。このような輸出品目の推移は貿易摩擦を呼び起こした。日本の場合中進国から材料を輸入して加工品を米国等に輸出するというパターンだ。

日本と米国の間では 60 年代後半からの日米繊維紛争を皮切りに,70 年代以降の牛肉・オレンジ交渉,80 年代の MOSS 協議(市場志向型分野別協議),日米構造協議(SII),90 年代のコメ関税化,日米自動車交渉と,相次いで大規模な調整プロセスが行われた。

■ 機械中心の輸出産業はどう特徴付けられるのか

次の問題として,輸出の中身だ。輸出は特定産業に集中し,中でも機械産業が 6 割,それに金属・化学産業を加えると 8 割のシェアとなる。この「機械」こそが日本の「ものづくり」の中核だ。輸出向けの労働投入量と内需向けの労働など,両者をより詳細に区分するデータは一般に得られないため分析が難しいものだが,日本ではこれらの産業の時系列的推移を見れば,輸出のおおよその変動パターンが理解できる。

これら輸出産業の問題は大きく分けて 2 つあり,まず

> [1]　資本集約的であり,雇用吸収力はあまりないこと,さらに雇用吸収力が減少して内需への波及力は弱まっていることだ。

このことは輸出産業の人件費総額の推移からも明らかで,国民経済計算の就業者数シェアで見ると 80 年代の 12% 弱から,直近の 9% 弱まで低下している。国際貿易の基本定理にヘクシャー=オリーン定理があり,この定理は相対的に豊富な生産要素を集約的に使う産業が輸出産業であることを示して

おり，日本経済は労働力よりも資本が豊富な経済であり，日本の輸出パターンはこの定理通りと言うことができる。さらにもう一つの問題は

> [2] 工作機械や家電や自動車など消費財を中心とする機械産業は，世界景気が上昇すれば中国を中心に工場が建って工作機械が売れる，車が売れるというように，世界景気に敏感でありすぎ，産業構造がギャンブル的であるとも言えることだ。リーマンショック以降の一部企業の苦境は，それまでの好況期が継続すると考え，「賭け」に出てそれが裏目に出た場合が多い。

 以上の意味でグローバル企業がさらに強くなることによって，国内にその果実がトリクルダウンするルートはもともと小さかったし，今後も小さくなっていくと言える。そしてトリクルダウンに限界があるのなら，政府がグローバル企業を懸命に保護するベネフィットは小さくなってゆく。
 もちろん輸出を伸ばし海外雄飛する企業はそれはそれでよいし，頑張ってもらえばいいのだ。しかしそれに政府が入れ込みすぎるのはよくない。必要なのは国民全体が豊かになるための経済や政策であって，一部の大企業の海外雄飛を支えるために国内が窮乏するのでは本末転倒だ。

■ 輸出比率で産業別の特徴を理解する

 図7-3は産業別の輸出比率や海外進出動向などを表している。もともと

> ● 海外移転の動きが加速していると言っても，設備投資に対して2割程度の金額であり
> ● 海外直接投資は全体で2017年度より急激に加速したものの，これまで10兆円程度，そして
> ● 輸出産業の法人税シェアは3割前後（第12講図12-9）だ。

輸出比率で並べた産業別の動向を見ると

 [1] 売上高輸出比率（日銀短観）が高い産業ほど，海外現地法人売上高（経済産業省「海外事業活動基本調査」）比率も高い（**第12講図12-9**）

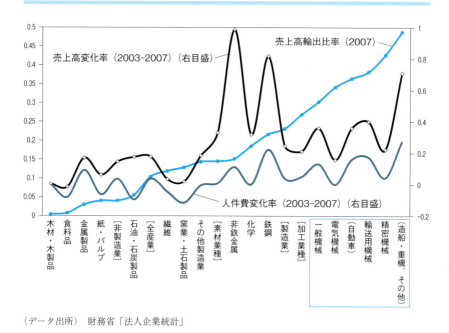

図 7-3 輸出比率と 2000 年代好況期の売上高・人件費の変化

（データ出所）　財務省「法人企業統計」

[2]　売上高輸出比率が高い産業ほど特別措置等があり，税負担比率（財務省「法人企業統計」）は低い（**第 12 講**図 12-9）
[3]　輸出産業は装置産業（非鉄・鉄鋼）や機械が過半であり，資本集約的であり，2000 年代の好況期に売上が上昇するほど，人件費は伸びない

ことを示している。その他にもいくつかの過剰反応の例を挙げてみよう。

■ GNI と海外子会社の内部留保

　日本企業の海外収益率は低いと報道されており，また利潤は海外に内部留保として滞留している。解釈は両面あるが，2009 年度には海外子会社の利益の国内還流を税制優遇する制度改正が行われた。しかし環流は頭打ちであり，国内のみならず海外にも内部留保が滞留（08 年度末で 19.6 兆円）している。一方，賃上げを巡っては，海外収益が国内の労働者に還元されることは

少ない。政府は海外投資収益を含む GNI（国民総所得）指標を重視する方向であるとも時に報道される。しかし海外での収益を国内家計に伝播するルートがつまっている。収益は海外で稼いでいるのだから，国内には還元できないという経営者側の意見は，一面でもっともだが，海外へ投資して，国内家計がその果実が得られないのであれば，国が何も無理に企業の海外進出をサポートする必要はない。

　リーマンショックで減少した輸出は 30 兆円にも上った。この数字はフローの数字であり，東日本大震災のストックの被害が 20 兆円と言われていることと比較すると，とてつもなく大きなものだ。先述したように特定の得意先に入れ込みすぎたとしか言いようがない。

　以前，国際比較から，日本の輸出比率が案外低いことが問題視されたが，そこで高いと指摘されたユーロ圏諸国が現在では危機に苦しんでいることは周知の通りだ。本講冒頭で国際派と民族派の対決について述べた。民族派がワイドショー的なポピュリズムならば，輸出志向とつながることの多い国際派も実際はビジネスマンや経営コンサルタントが喜ぶもう一つのポピュリズムだ，という認識も必要だ。

　「国滅びて（グローバル）企業あり」などと言って，日本経済の将来に極めて冷笑的であり，国の自壊を放置するばかりか，我先に海外脱出を促す議論もある。確かに M&A 等を通して，グローバル化に対応することは必要だろう。しかしいまなお世界第 3 位の規模である日本経済から逃げ出すことばかり考えていてよいのだろうか。

■ 安易な補助金は GDP を減らす

　リーマンショック後の家電エコポイント制度は，家電産業救済のために行われたと言っても過言ではないが，既に国内の家電産業は空洞化しており，薄型テレビなどデジタル家電は輸入超過になるほどだった（図 7-4）。輸入増大は GDP のマイナス要因であり，海外製テレビの購入に補助金を出して GDP を引き下げるなど前代未聞の結果である。さらに海外移転（や一時の派遣切り）が大きく報道されているにもかかわらず，この業種が多くの人に日本の基幹産業として認識されている実態は，著名企業の多さと過去の栄光に

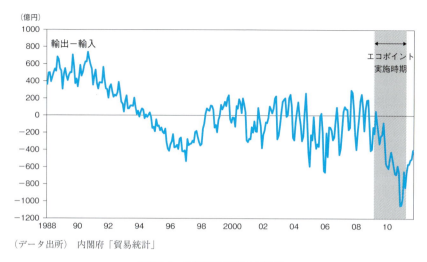

図 7-4　音響映像機器の純輸出

引きずられた認知バイアスの一種であると言える。最終消費財を販売することから下請にも立場が強く，巨大広告主でもあるこれらの産業の問題点は必ずしもマスコミで指摘されるわけではないが，充分認識しておく必要があるだろう。

> **練習問題**
>
> 貿易統計で輸入・輸出品目など貿易構造の変化を調べてみよう。

7.4　連動する世界景気と日本の選択

　日本経済は世界経済の中で存在感が薄れつつある。このため日本経済が独自にできることには限界がある。教科書的な経済政策は，一国モデルを前提としていることが多い。図 7-5 は世界経済における日本の GDP シェアを表しており，18% もあった 90 年代半ば以降から現在は 6% 程度まで低下して

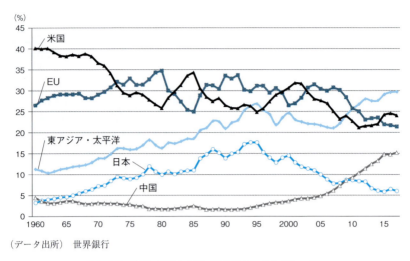

図 7-5　世界 GDP に対して低下する日本のシェア

いることがわかる。これに対して米国やEU（あるいはユーロ圏）は2〜3割のシェアを保っており，その金融政策は世界経済に影響を与えることができる。日本は言わば米国とEUというビルの谷間のラーメン屋のような小さな存在であり，その規模に応じたやり方が必要だ。またモデルも一国モデルより地域経済モデルが適当かもしれない。

■ 国際分業の進展と景気の連動

　リーマンショック以降，マクロ経済が小康状態なのは米国と，あえて言えば日独であり，新興国やドイツ以外のユーロ圏はかなり苦しい状況だ。日本で部品を作って中国で組み立て米国に最終商品を売るというふうに（具体的な国名はともかく）グローバル下の世界経済のサプライチェーン構造を考えれば，世界各国の景気は本来は連動するはずだ（図 7-6）。そこで米国のみが好況という状況は続かず，今後の世界景気は上昇するか，米国が失速して世界が長期停滞に陥るか，どちらかになるのではないかと予想される。

　現在のホットイッシューは，なんと言っても世界的な長期停滞の危険性だ。

108　第 7 講　国際貿易構造の中の日本経済

図 7-6　シンクロする OECD 景気動向指数

日本の内需はぱっとしなかったものの，2000年代は世界経済のまれなる成長期であり，その時期にはグローバル化を背景とした市場原理主義的な考え方が盛んとなった。ところが2008年にはリーマンショックが起こり，雰囲気は一変する。各国はケインズ的な財政拡大と金融緩和を行い，停滞からの脱出をしゃにむに図っており，流れは大きく左旋回した。高成長期には，米国財務長官として金融規制緩和を進めたローレンス・サマーズが，今では長期停滞懸念の先頭にいる。現状はケインズ主義的というより，何でもありの状況となっており，2015年より始まった中国主導のアジアインフラ投資銀行（AIIB）の件でも，各国は少しでも経済にプラスと見れば，なだれを打って参加した。

■ 貿易の伸びと経済成長率

　世界経済の状況を表すものとして，世界貿易量が注目されている。世界貿易機関（WTO）によれば2016年の世界貿易量は前年比1.3％増えた。中国の輸出入の減少が響き，伸び率は2009年以来の低さだった。世界の経済成長率は同2.3％で，15年ぶりに貿易の伸びが経済成長を下回った。貿易が世

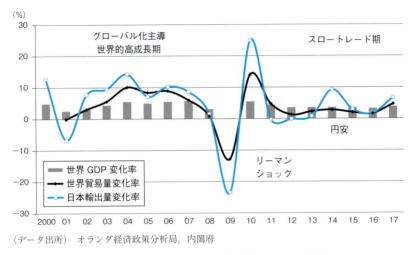

図 7-7　スロートレードと変化の激しい日本の輸出

界経済を牽引する力は弱まりつつある。図 7-7 はこの状況を示すと共に，日本の輸出が世界貿易量の伸びを上回っていたことを示している。

　グローバル化は，単純なミクロ経済学の分業の利益のメカニズムで考えると，望ましいことは疑いがない。英国は生産が得意な毛織物生産に特化し，ポルトガルはワインに特化する。そして両者を交換すれば，Win-Win の関係になれるのである。ただしこの関係が成立するかは，世界経済の現実が，ミクロ経済学の前提にどれほど近いかに依存する。

　安い賃金を求めて生産基盤を移す現在の企業行動は，言わば焼き畑農業的資本主義であり，折からの IT 革命で途上国での生産は可能性は拡大したものの，そうして作られた製品を購入するには，各国の労働者の賃金水準は不充分であり，最終生産物需要は形成されていない。この結果，常に世界経済は需要不足となってしまう。「いくら安くモノを作っても売れない」というこの事態が言わば資本主義の「終焉」と感じられ，資本家と労働者の格差拡大につながっているのではないか。

第8講 国際金融市場が課すグローバルな制約

■グローバル化の中で日本経済が受ける制約のうち,実質金利や国際金融変動の均等化制約について説明し,アベノミクスのインフレ目標失敗と円安誘導成功の原因を考える。

8.1 実質利子率均等化と金融政策の限界

第6講で金融,第7講で国際貿易と日本経済の関わりの基本的部分を説明した。本講では,グローバル化の中で日本経済が受ける制約について説明する。グローバル化と言えば,世界に攻め込むというポジティブなイメージが強い。しかし実際には世界の動きに翻弄され,日本独自の政策がとれない場合が多く,世界的な実質金利や景気の変動が日本経済を動かしている。図7-5,7-6で見たように日本経済は世界経済という太陽に照らされた月と言えよう。

■ 世界的な実質利子率均等化

名目利子率とインフレーションの関係を表す式はフィッシャー方程式だ。このフィッシャー方程式は名目変数と実質変数のリンクを「期待」インフレ率という要素で表すものだ。銀行から住宅ローンを借りる場合を考えよう。銀行もお金を借りる人も,両者ともインフレを予想して名目利子率が高いか低いか考える。2000万円を借りても,インフレで貨幣価値が下がれば実質1500万円程度しか返済しなくてもいいかもしれない。一方,銀行はそれでは困るから,インフレを予想して利子率を高くする。この「予想」というと

ころがポイントだが，i を名目利子率，r を実質利子率，π をインフレ率，π^e を期待インフレ率として，

> 名目利子率(i)＝実質利子率(r)＋期待(予想)インフレ率(π^e)
> 図8-1 ［実線］　　　［点線］

であり，これを**フィッシャー方程式**という。

賃金など他の変数にも実質と名目の違いは存在し，その分析は重要だ。しかし利子率が代表的な変数である理由は

- 資産形成が将来の予想を必然的に含み
- その予想が資産市場で集約されているからだ。

この式を使って，日米の状況を見てみよう。フィッシャー方程式の要素をプロットすると，

- **名目利子率の日米格差**は伝統的には3％であり，それは
- **安定的なインフレ率の格差**を反映していた（図8-1）。両者を引くと
- **実質利子率が均等化**している（図8-2）。

図8-1に示されるように，日米の名目長期金利差は3％前後を保ってきた。米国の金利が3％に下がってくれば，日本の金利は限りなくゼロに近づき（3％−3％＝0％），米国の金利が4％まで上昇すると，日本の金利も1％まで上がってきた。ところがインフレ率には日米格差がやはり3％程度あったので，このような名目利子率格差はインフレ率の格差に帰因していることが，図8-2によりわかる。

通常，予想インフレ率は将来を予測した変数であるので，直接得られるわけではない。そこでグラフでは足元のインフレ率を使って，実質利子率を作成していることには注意が必要だ。もちろんこの手順は厳密でないという批判は成り立つし，常に両者がきれいに連動しているわけではない。しかし大きな動きを見れば，（計量経済分析でいうトレンドでは）**日本の実質金利は国際市場の動きに左右され，日本だけを実質低金利にできない**ことは明らかであり，70年代以降各国固有のトレンドは消滅したと研究されるほどである。

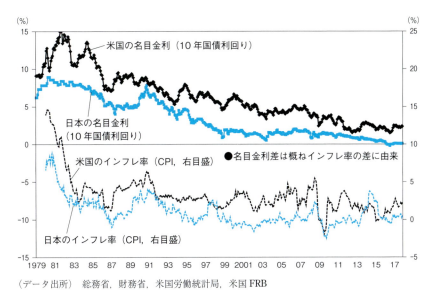

(データ出所) 総務省，財務省，米国労働統計局，米国 FRB

図 8-1　日米名目金利とインフレ率

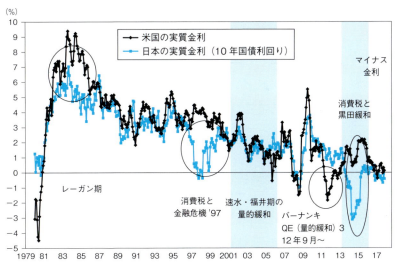

(注) 予想インフレ率でなく，足元のインフレ率を使っている。
(データ出所) 総務省，財務省，米国労働統計局，米国 FRB

図 8-2　日米実質金利と金融政策

8.1　実質利子率均等化と金融政策の限界　　113

実際，2000年代とリーマンショック後の2010年代では世界経済の成長率が違う。2000年代は量的緩和にもかかわらず，低金利が達成されなかった理由は世界的高成長を反映しているためである。

米国の巨大金融市場ですら，世界金融市場の統合の影響で，政策短期金利から市場長期金利へ波及しないことがままある。2000年代に長期金利が下がらず，当時のグリーンスパンFRB議長はこの現状をコナンドラム（謎）と呼んだが，これは新興国の貯蓄過剰の影響の結果（グローバル・インバランス）とされている。

■ 金利平価と円高シンドローム

日本経済は円高恐怖症と言われることが多い。為替レートの決定式の中で，アセットアプローチで使われる金利平価式を考えよう。資産市場で為替レートが決まるという意味は，米国の資産の収益率と日本の資産の収益率が予想為替レート変化率を考慮した上で同じにならなくてはならない，ということだ。つまり日本の債券を買っても米国の債券を買っても同じだけ儲からなくてはならない。そこで金利平価の関係式は

$$i_A = i_J + \hat{e}$$
［米国名目利子率］＝［日本名目利子率］＋［ドル安円高予想］

となる。この式をフィッシャー方程式で分解すると以下のようになる。

$$r_A + \pi_A = r_J + \pi_J + \hat{e}$$
［米国実質金利＋インフレ率］＝［日本実質利子率＋インフレ率］＋［ドル安円高予想］

世界の実質金利が均等化している場合，インフレ率と為替レートの因果関係はどうだろうか。

［A］　通常の考え方では両国のインフレ率が先に各国の生産物市場で決まり，名目利子率格差が生じて，円高予想が生まれると考えがちだが，

［B］　米国のインフレ率，名目利子率は先に生産物市場で決まるとするが，日本では円高予想から，名目利子率やインフレ率が低下する

図 8-3　介入，金融緩和とドル/円レート

と考えるのが，円高シンドローム仮説である。この仮説は 80 年代の貿易摩擦を背景にロナルド・マッキノン，大野健一両教授*が唱えたもので，米国の円高誘導策が日米貿易不均衡是正策につながると主張している。

実際にも，米国クリントン政権（1993～2004 年）による円高誘導は厳しかった。1994 年 2 月 11 日には，細川首相とクリントン大統領の間で，日米包括協議が行われたが物別れに終わり，その後の同年 6 月には 1 ドル 100 円を突破し超円高となった。

■ 為替介入

円高を防ぐために，政府は為替市場に介入を行うことがある。2003 年には日本政府は 35 兆円もの円売りドル買い介入を行った。これを**第 6 講**で例えた商品券に当てはめると，チケット屋に商品券をばらまいて，値段を下げて，お客を集めるということになる。円安にするということは，結局，格安

---

*　ロナルド・マッキノン＝大野健一（1998）『ドルと円──日米通商摩擦と為替レートの政治経済学』日本経済新聞社

8.1　実質利子率均等化と金融政策の限界

の商品券をばらまくということだ。だから円安政策には一時的な効果は確かにあるが，影響を受ける周辺国は困るし，ずっとこの方法に頼っていては輸出主導のいびつな産業構造になってしまう。また諸国がわれがちに自国通貨切り下げを狙う状況は，安売り合戦に例えられる。

図8-3は2010年から11年に行われた円高への介入効果を示しているが，いずれも効果が短かったことがわかる。このためその後の金融政策への傾斜をもたらした。

> **練習問題**
> 金利の高い外貨預金は本当に得かどうか考えよう。

8.2 誤算
：なぜ予想インフレ率が高まらないのか

マネタリーベースを高めると予想インフレ率が高まるというモデルをもとに，黒田日銀はもくろみ通り2014年末には2年間でマネタリーベース2倍を達成した。しかしながら（予想）インフレ率の各種指標は高まりを見せなかった。この理由は米国の原油先物市場のように（あるいは不動産の局地的バブルのように），予想を集約し価格が高騰すれば，大きく儲かる制度的ルートが日本にないからである。実際，米国の量的緩和期において，原油価格（図8-4）と物価（並びに長期金利）の連動は重要であり（図8-5），日本では輸入物価を通してインフレをもたらす。その要因を日本のヒト・モノ・カネに分けて説明すると

> [a：モノ] インフレが生じれば投機利益が生じる商品先物市場が小規模
> [b：ヒト] 先を読んで人を雇う米国型システムと異なり，名目値安定やボーナスで後払い利潤分配の賃金設定慣行
> [c：カネ] レバレッジを忌避し，企業は貯蓄主体化している

ということになる。春闘に限定される正規雇用の賃金や税制・年金に限定される非正規の賃金決定システムは，米国の動学マクロ経済学で扱われるよう

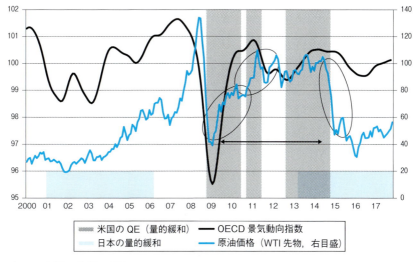

図 8-4　時期的に相関する米国量的緩和・世界景気回復・原油価格上昇期

図 8-5　デフレ脱却と原油先物価格・相関する日米物価

8.2　誤　算：なぜ予想インフレ率が高まらないのか　117

ないわゆる フィッシャー＝テイラー型 のモデルに表されるようなシステムとは異なる。

　これらの理由の背後に共通する考え方は，インフレ率を予測して資金を投入するステムは「投機」であるという伝統的なものである。たとえば原油など商品先物市場をより整備して，資金を流入しやすくするという考え方（がないではないが）は，我が国は産油国でもなく，一般的には抵抗があるのではないか。

　このため国内の実物市場の参加者には，予想インフレ率など先を読んで行動するという「条件反射」が形成されていない。そこで

[実物市場]　金融緩和から物価上昇

というルートが実物市場では動きにくい。もちろん70年代のような高インフレ期では，フィリップス曲線がシフトし，大まかな形でインフレ期待は形成されたことが認められるものの，現状ではインフレ期待が生じて企業の値付け行動などに反映する（レジーム変化する）閾値は高い。

　一方，プロの投資家が集まる金融資産市場では別である。円安株高達成の背景には，約15兆6500億円（2013年）も買い越した外国人投資家を中心に，

[金融市場]　金融緩和から円安

という（結果的に自己実現した）条件反射が存在した。この条件反射が正しいか正しくないか，あるいは望ましいか望ましくないかは別問題である。結局，資産価格高は日本の制度的慣行に疎い外国人投資家がもたらしたものである。

> **練習問題**
> 　マクロ経済学で扱われるマンデル＝フレミング・モデルを学習し，日本経済にその想定が当てはまるか考えなさい。

8.3 資産価格変動の海外からの波及

■ 海外変数から国内変数へ

　経済にはさまざまな資産があり，それには資産価格があるが，統計手法でも経済学のモデル分析でも，それらを本来は同時決定と考え，因果関係を考察することは少ない。円高シンドローム仮説やアベノミクスの2%インフレ目標政策未達成が示すポイントは資産価格の決まる順番（外生性・因果関係）が事実上あり，しかもその順番は海外から国内への順で波及することである。この順番は国内変数を過大視しがちな経済学の学習や研究の手順と異なっている。一方，マーケットの参加者は特定の資産の取引に集中しており，専門外の資産価格を理由として説明することが多い。為替の影響や債券利子率が上昇したから，株価が下がったあるいは株が下がって円安になった，などの理由づけである。

　実際，日本と海外では市場規模が大きく異なり，海外で生じた外生的なショックで日本の主要な経済変数が変動することは少なくない。3種類の代表的な資産価格の関係を実務家の考え方で見てみよう。

[1] 米国債10年物を代表とする名目長期金利（定義は予想インフレ率＋実質利子率とされるが，変動要因として政府債務要因を含んでいる）
[2] ドル円など為替レート（為替レート変化率＝名目金利差）
[3] 連動傾向が強い日米株価（①長期金利，②企業業績，③リスク・プレミアム要因に分類される）

　これらの変数の変動の背景には，インフレなど共通要因と日本の金融危機など非共通要因がある。

　中でも世界経済の共通要因を表す変数は米国10年物国債の金利だ。これが心理的節目と言われる3％を超えるか超えないかは実務ではたいへん重要視される。直接的なメカニズムは国債の金利が上昇すれば，株式ではなく国債に投資しても充分な利益を得られるからである。インフレや企業収益など株価と債券の共通要因が上昇すればいわゆる良い金利上昇だが，特定の政府

の債務が増加して金利が上昇する場合，悪い金利上昇と考えられる。

国内要因として重要なのは株価だ。日銀は上場投資信託（ETF）を買い入れることで国内株式市場を支えてきたが，2016年7月以降，買い入れ額を年間6兆円に増加させた。2018年3月末では保有額は時価24兆円薄価19兆円にもなる。株価が下落して含み損が出れば，政治問題にもなる。買い入れた株式を今後どうするのか，ここでの出口戦略は極めて難しい。

■ 複雑な原油価格変動の影響

以上の3種類の代表的な資産価格に加えて，4番目として原油価格は独自の動きをすることが多く，波乱要因である（図8-4，図8-5）。海外要因の応用問題として，波及プロセスを考えてみよう。

[4] 外生的な原油など商品価格とそれに大きく左右されるインフレ率

まず原油価格上昇の米国金融市場への影響を考えてみよう。

［インフレ］　原油価格が上昇すると，米国のインフレ反応度は強く，そのまま米国の名目金利が大きく上昇する
［名目金利］　米国名目金利が上昇すると，米国株安とドル高円安になり，後者の影響が強ければ，日本の景気は上昇する
［株価］　さらに原油高で生産の費用は上昇するので，株価は下がることが多い。ところが産油国の資金は先進国の株式市場に投じられているので，株式の需給要因から原油価格上昇が株価上昇をもたらすこともある。

日本への原油価格上昇の影響は

● 内需にはエネルギー費用が増大してデメリットをもたらす一方，
● 外需面では米国物価高・金利上昇からドル高円安をもたらすと共に，産油国を中心とした新興国状況は改善し，資本財輸出が増加

するといった相反する効果がある。中東産の原油が高騰すれば，代替エネルギーを求めてシェールガスなど新技術が発達するなど，大きく見れば市場メカニズムが働いているが，それは大きく不確実なラグが伴っている。

以上のように資産市場の見方は必ずしも一定しないものの，メリット・デメリットが整理はされる。需要供給曲線が両方同時にシフトすれば，価格数量はどう動くかわからない。しかし要因を分解し，理解する枠組みを経済学は与えている。

8.4 国内で「できること」と「できないこと」

■ 企業のグローバル化

　企業の海外進出を巡って，法人税切り下げ競争は「底辺への競争」であるとの批判が高まってきた。我が国もタックス・ヘイヴン等の監視と批判の国際的連携に進むべきだ。タックス・ヘイヴンとは税制上の優遇措置を，域外の企業に対して戦略的に設けている国または地域のことである。通常，グローバル企業は法人税回避の目的から，タックス・ヘイヴンと言われる地域に法人を登記することが多い。アイルランドやシンガポールに法人が集中するのはそうした理由による。

　また余剰資金で海外企業のM&Aに進む場合が多いが，成功する確率は低い。1985年から2001年にかけて行われた日本企業のM&Aのうち，成功したのは8%だけだ，と松本茂は結論づけている。有名な実例としても，原子力関連企業のウェスティングハウスを買収した東芝は，米国の原子力事業で発覚した巨額損失を補うため，メモリー事業の過半売却を決めた。

■ トランプ現象をどう見るか

　2016年に就任したドナルド・トランプ米国大統領が推進している自国中心主義や保護主義的政策には大きな批判が寄せられている。中でも関税合戦による貿易戦争は大きな問題だ。世界経済の収縮をもたらし，かえって失業者を増やしてしまう。一方で貿易により失業してしまう労働者や破綻企業に，経済政策や分析が冷たかったのも事実である。

　国際経済学の交易の利益とは，A国民とB国民が余っているものと足らないものを自発的に交換し，そこから利益を得ることからモデルは始まってい

る。言ってみれば他国の輸出や勤め先の工場移転により職を失ったりする労働者は重視されていない。厚生経済学では，こういった変化によって被害を被った労働者に対し，何らかの補償が行われることを含めて貿易の利益を想定するが，現実には充分な補償が行われているわけではない。トランプ政権の出現をポピュリズムと決めつけるだけでは済まない。やはりその出現の必然性をくみ取るべきではないか。

ただトランプ大統領がこのまま保護主義的な政策を続ければ世界経済に大きな打撃を与えることは明らかだ。一方でグローバル化の旗印のもと「経済活性化のため」にジェット機で世界を飛び回る一部の経営トップ層ばかりに富や権限が集中するのを防ぐことが必要だ。

人間は誰と助け合うか，という問題が重要だ。優秀な人たち同士が助け合うだけでは取り残される人が多くなるし，国や民族という単位で助け合えば排外的で差別的な傾向も強まる。このバランスを取るのは難問だ。

■ 輸出主導から海外直接投資へ

マクロ経済学を学ぶとき，いきなり為替レートから始める人はいない。モデル分析を行うときも同じだ。しかしグローバル化が進んだ日本の現状では

- 生産物市場ではサプライチェーン等の存在により世界景気は連動し
- 国際金融市場は一体化（実質金利均等化）しており

国内で大きく動かせるのは労働市場とインフレ率だけである。

また少子高齢化の進む現状の日本で減少しつつある内需を考えれば，国内のどこに投資をするかは難しい問題だ。この結果，輸出主導から海外投資の比重が高まってきたことは，一面でやむを得ないことだ。

しかしこうした状況であるからといって，海外進出本位の政策ばかりをとることは，真の国民本位の政策とは言えない。たとえ国際経済環境の制約が厳しくとも，

- 輸出から内需への波及のボリュームと，
- 不況期の景気後退速度の低下

は国内要因に大きく影響される。好景気を長く伸ばすことは難しいが，高く飛ばす準備はできる。しかし残念ながら，そういった準備はこれまで充分だったと言えないのである。

第 9 講
金融（2）
：アベノミクスの誤算と異次元緩和
―なぜ物価は上がらなかったか―

■国際面を踏まえて，アベノミクスによる金融政策の異次元緩和について，その経緯と共に，いわゆる日銀の実務的手順と金融緩和との関連を考える。

9.1　リフレ派の日銀乗っ取り劇

■ アベノミクス当初計画の矛盾

　アベノミクスの三本の矢のうち，第一の矢は金融緩和期待による円安株高であり，第二の矢は財政増大であった。図9-1 より，それぞれの矢にはだいたい7兆円ずつの短期的な効果があって，後でかかる費用を無視すれば，両者合わせて実質 GDP 比2～3％程度の上昇をもたらしたと見ることができる。第三の矢である成長戦略や構造改革は特段の内容がなく，財政支出増大にある程度の効果があるのは当然なので，検討課題は第一の矢に絞られよう。

　第一の矢の当初の成功の理由は後述する海外環境の変化によるものだ。もともとアベノミクスの当初の計画は誇大なもので，文字通り受け取ると

- 10 年で 200 兆円の公共事業　⇒　年 20 兆円の財政支出増加
- インフレ率 2％を達成
　　　⇒　政府総債務 1000 兆円の利払い費が名目 20 兆円増加

するというものだった。当時の税収は 40 兆円程度であり，追加の計画だけで税収全体を必要とするものだったのである。また長期の租税弾性値は 1.1

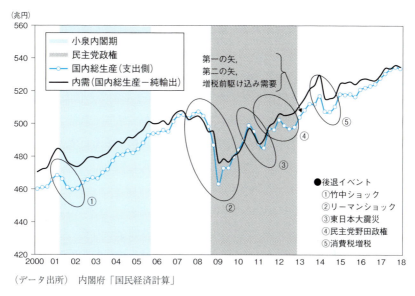

図 9-1 アベノミクスと後退イベント

程度とすれば，経済成長で追加費用をまかなうためには GDP 倍増が必要というとてつもない大きさだった。

■ 金融緩和期待先行の円安株高

しかし当初の円安株高が，アベノミクスのスタートダッシュを成功に感じさせた。黒田日銀総裁就任 (2013 年 3 月 20 日) 以前に新首脳による金融緩和期待から，円安が起こり (3 月 11 日に 96 円) その円安から株高が生じた。当時の大まかな経験則では 1 円円安＝20 円 TOPIX 高＝250 円日経平均高程度で推移し，2012 年 11 月には 1 ドル 80 円，日経平均 9000 円前後だったが，2013 年 3 月 11 日に既に 1 ドル 96 円，日経平均 12403 円に達した。その後，5 月中旬には 1 ドル 103 円，日経平均は 16000 円手前まで達した。

円安株高には以下の 3 つのポイントがある。まず

● 第一のポイントは日銀が具体策を発表する前に市場が政策変更を予想し，

かなりの円安株高が達成されたことだ。株式市場には「噂で買って，事実で売る」という言葉がある。企業業績が上がるという噂の段階で株を買っておかないと儲けられない，そして事実が一般に公表された時にはもう値上がりしているから，売ってしまえばよいということである。アベノミクスの初期段階はまさに噂で円安株高が生じたことになる。
- 第二のポイントは，この円安株高は市場規模から見て，為替市場から達成されたものと考えられる。為替市場の取引規模が最も巨大であり（世界全体で1日およそ1兆5千億ドル），国内の株式（年間売買代金300兆円）や債券（月間国債店頭販売高500兆円）の規模は小さいからだ。
- 第三に円安が株高をもたらす関係は2003年以降，日本では経験則となっている。この経験則は実は国際的にも例外的なもので，ほとんどの国（米国とスイス以外）では自国通貨と株価には正の相関関係がある。また日本においても1997年から2003年の金融危機期には円と株価は実は相関的に連動していたが，96年以前は円と株は逆相関関係にあった。

あまり指摘されないものの，円安株高の具体的意味は，外国人のために円を安くして，株価をバーゲンセール価格で売っていること，つまり外国人限定の日本株割引セールだ。ただしこれをきっかけとして，大幅な株高を達成したわけだから，国内の投資家にも大きなメリットがあったと言える。

なお円安の副作用として輸入物価の上昇がよく指摘される（第7講）ものの，株式についても副作用はある。小泉内閣期からの円安と同様，（円が下がれば緩やかにではあるが）株式の外国人保有比率が増え，外国人株主の日本企業の雇用慣習や配当への影響力が強まることで，その後の企業ガバナンス紛争を招くことは，メリットかデメリットか難しい判断だが，記憶してしかるべきだ。

■黒田日銀総裁就任後の具体策：資金フローのバイパス手術

黒田日銀総裁就任後の具体策として，日銀は2013年4月4日に2年後の2％インフレに向けて，資金供給量（マネタリーベース）を14年末には約2倍の270兆円に拡大し，長期国債の購入量も2年で190兆円と2倍強に増や

す，など具体的な金融緩和策を決定した。

当時の日本の資金フローの問題点を需要と供給に分類すると

［資金需要］　企業貯蓄増大による資金需要減（第4講図4-1）
［資金供給］　民間銀行の国債保有

という2つだ。この問題に対して，国債の新規発行高の7割は日銀が買い取ることで，金融機関はカネを貸すしかない，という形にするために，専ら資金供給の立場から銀行の国債購入をせき止め，民間への貸出を増加させようというバイパス手術を意図していたと解釈できる。

第6講のデパートの商品券という貨幣の例え話では，商品券には「借金証文」としての側面もあると言ったが，ここでは商品券とは別の借金証文も発行していることとして，中央銀行から見た新しい金融政策を考察してみよう。デパートの幹部（政府）は商品券（貨幣）をたくさん発行すれば，いずれ売上は良くなると考えた。商品券販売は代理小売店（民間銀行）に販売を委託しているのだが，商品券が売れているわけではない（現金需要飽和）ので代理店は借金証文（国債）も購入している。国債購入ばかりでは市中に通貨が出回らない。そこでデパートの商品券発行部門（日銀）は代理店が借金証文を購入できないように，市中発行の借金証文の7割（その後，9割）を買い取ることにした（異次元緩和）。

■ 混乱を招くリフレ派ロジック

ただし当時の日銀の目標値は

［ⅰ］　資金供給量（マネタリーベース）は2倍とし
［ⅱ］　最終的なインフレ目標を2％として
［ⅲ］　2年後に達成と明示されていたものの，
［ⅳ］　中間的な目標である長期金利

についてはどこを目指すのか，目標値は定められなかった。

金融緩和で名目長期金利を下げるのか，インフレ期待で長期金利が上がることを容認するのか，この点がわかりにくかった。黒田日銀総裁は「（長期

も短期金利も）イールドカーブ（残存期間の異なる利回りの変化をグラフにしたもの）全体を引き下げる」という発言をしていたが，リフレ派はインフレ目標から長期金利上昇を示唆しており，混乱があった。

> **練習問題**
> 異次元緩和スタート時の日銀幹部の発言を調べ，現実はどう推移したか調べよう。

9.2 日銀理論からの反論

■ 実務的中央銀行論（1）：マネタリーベース（MB）の供給プロセス

以上のような黒田日銀による異次元緩和に対し，日銀OBを中心に反対論は強かった。かねてより各国の中央銀行関係者から，教科書的な貨幣数量説的な以下のとらえ方に疑問を呈されてきたこともある。まず

> ［A］ 政府があたかもヘリコプターから紙幣を撒くように貨幣を供給する
> ［B］ 政府は貨幣を供給する分だけ通貨発行益が得られる

という想定である。まずマネタリーベース（MB）とマネーストック（MS，両者の定義は**第6講**）に分類して貨幣供給プロセスを考えよう。具体的な実務手順として，日銀が民間銀行から1兆円の国債を購入し，MBを増加させる場合を考えよう。買取代金は民間銀行が日銀に持つ当座預金に振り込まれるから，まず帳簿上の数字（日銀当座預金）の増加として表れる。

> ［a1］ 日銀の資産として1兆円の国債が増加する一方，負債も日銀当座預金上で1兆円増加する。

これがMBの過半を占める日銀当座預金増加のプロセスだ。一方，残りの日本銀行券（日銀券）についていえば，民間銀行が日銀の当座預金から必要に応じて，自分の預金を引き出してはじめて「発行」される。輪転機を回して，通貨が発行されるわけではない。

表 9-1　理論と現実の違い

	実務（現実）	単純な貨幣数量説（理論）
貨幣発行方法	国債と交換	輪転機で刷る
通貨発行益	買い入れた国債の利子分	貨幣発行額

■ 実務的中央銀行論（2）：通貨発行益の実際

　日銀券も日銀当座預金も日銀のバランスシート上では負債として計上される。国債を日銀が買い取ったとしても，政府全体（日銀を合わせた統合政府）では負債の種類を交換するだけだ。また，先に述べたように日銀券は民間銀行が引き出すことによって発行されるのだから，日銀がいくら輪転機を回してお札を刷ったとしても，直接，ヘリコプターから国民にお金をばらまくことはできない。このようなばらまきをヘリコプターマネーと言うが，これは理論モデルの抽象化であって，実際に政府が民間に資金を「配る」とすれば，その目的や方法に関して政府の財政政策が必要となる。

　次に日銀にとっては，通貨発行益として1万円札を発行する費用（＝約20円）と額面1万円の差額9980円が計上されるわけではない。当座預金に振り込む形で国債を買い取るわけだが，当座預金は負債だから，

[b]　買い入れた国債の利子分が日銀にとっての通貨発行益となる。

　こうして日銀が得た利益（毎期剰余金）は，日銀法第53条により法定準備金，配当を除いた額を国庫に納付することになっている。
　以上，MB供給における理論と現実の違いは表9-1にまとめられる。

■ 実務的中央銀行論（3）：マネーストック（MS）の供給プロセス

　次にMSの発行プロセスを考えよう。

[a2]　中央銀行の発行した「かたちのある」貨幣が，信用創造を通じて，民間経済を流通しているのではない。銀行から帳簿上で民間に貸し出さ

> れることによって，まず MS は供給される。

　レンタルビデオと第 6 講で例えたように，金が通貨の価値を担保していた昔の金本位制の時代では，貨幣の発行量は金の物理的数量に制約された。しかし現在ではアマゾンやグーグルによる映像コンテンツのネット配信のように，帳簿上で電子的に借りるので，もともとのビデオテープの現物の数量というものがあるわけではない。

　分量の少ない日銀券の取引を捨象し，預貯金を通した取引だけに単純化して考えると，MS 供給プロセスのポイントは以下の 3 つである。

- 最初に A 銀行の貸出が B 社に行われ，それが預金通貨となるとすれば，まず B 社の預金口座に資金が振り込まれる。これが MS の増加プロセスだから，貸出の総和と，預金の総和は一致する。
- B 社がこの後 C 社から物品を購入して預金を減らしても，それは B 社から C 社へと別の口座に振り込まれ，民間の中で預金が移動するだけだ。つまり民間の取引は民間内で預金が移動するだけだから，MS は変化しない。
- 貸出と預金は銀行セクター内では一致するから，銀行全体としては中央銀行に預けるべき準備預金を捻出できない。そこで（ここがわかりにくい点だが）中央銀行から資金を借り入れることが必要となる。つまり市中銀行が日銀に預けている準備預金は，元はと言えば市中銀行が日銀から借りたものだから，MS の増加プロセスとは独立である。

　特に 3 番目のポイントは量的緩和の効果を否定する場合重要である。

■ 実務的中央銀行論（4）：金融調節と貨幣乗数論

　ここまで

- MB は日銀が国債を購入し，その代金を供給することで増加する
- MS は銀行が貸出を行い，その金額が MS の増加分となる

ことを見た。一見，両者は関連がないように見えるが，実際の金融調節は具

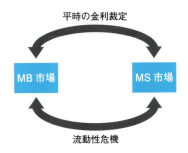

図 9-2　概念図：官製下取りリサイクル市場と民間市場

体的にどう行うのだろうか。

　結論を先取りすれば，国債の利子率を MB を扱うコール市場（金融機関同士が資金を融通し合う市場）で日銀が操作することによって，銀行は民間への貸出利子率と保有する国債の利子率を比較対照して，貸出利子率を決定する。つまり金利裁定によって MB 市場から MS 市場に波及させるのである（図9-2）。

　しかも平時（金融危機が生じず，名目金利がプラス）の場合，

- 日銀が国債購入量を増加すれば，MB は供給増大し（右下がりの需要曲線により）国債利子率は下がる
- 国債利子率が下落すれば，金利裁定により貸出利子率も下落し，銀行貸出は増大して MS は増大する

　このプロセスの中間を端折れば，貨幣乗数理論が示すように，観察上は MB 供給が増大すれば，MS も増大することになり，しかも両者は利子率に対して右下がりの関係となる。

■ マネタリーベースは原材料か中古品か

　しかし問題は平時ではない場合である。区別すべき状況が2つあり，合わせて以下の4つのケースがある（表9-2）。

表 9-2　金融政策の効果の 4 つのケース

	平時	金融危機 資金繰りリスクあり
名目金利プラス	① 金利裁定を使った利子率ターゲティング	② まず金利引き下げ
名目金利ゼロ以下	③ ここが論争点	④ 量的緩和有効

- 名目利子率がゼロ以上かそうでないかが，両市場の裁定の有無を決定
- 経済が平時か金融危機が生じているかどうか（特にバーナンキ FRB 議長の行った米国 QE1 時に重要）

そこでもう少し金融調節のイメージをつかむため，

- 貨幣（商品券）に新品と中古の区別があり，金融調節は中古価格を中心に行われる
- コール市場はデパート商品券を下取りする金券ショップが集まっている

と考えてみよう。この中古市場で決まる下取り価格ならぬ下取り利子率を決定するのが金融政策だ。教科書的な信用創造の説明（**第6講**）では MB が原材料で MS が最終製品といった構成だったが，実務では MB は下取り中古数量で，MB 市場利子率が下取り中古価格なのである。マネタリーベースの語感には，パン種をふくらませてパンにする，という有名なイメージがあるが，それは誤解であると，元日銀の翁邦雄は指摘したが，ここでの議論に置き換えれば，パン種ではなく加工品（中古品）である「パン粉」をいかに集めるかが重要なのだ。

■ MB と MS の両市場が連動しないとき

　MB を中古品と考えると，中古品市場規模を決定するためには，まず銀行から下取り品を供出してもらう（当座預金）か，（国債を購入して）リサイクル品を供給する必要があり，日銀が受け身で MB を供給するしかない，という昔からの日銀関係者の意見がまず理解できる。そして MS への波及にあ

たって，以下のケースがあることがわかる。

[1] 下取り名目利子率がゼロ以上で金融危機が生じていない場合，金利裁定によると先述した。一方，

[2] 下取り名目利子率がゼロに張り付いている場合，

- 経済が平時の場合，銀行の下取りゼロ金利は動かず価格面は動かないから国債利子率を変動させることによる政策効果はない。また価格ゼロの中古品がどれだけ大量にあろうと，意味はない。つまり表 9-2 ③のケースであるゼロ金利のもとでの量的緩和には準備預金増加の効果がない。ただし，

- 金融危機が生じている場合，取引相手が下取り代金（利率ゼロでも元金）を払ってくれるかどうかわからず，市場は数量制約下の機能不全に陥っている。融通しあう資金の規模（たとえ「見せ金」であっても）が大きければ，リスク削減効果は大きく，市場規模は金融危機時にはリスク回避のために重要だ。この場合，下取り市場規模が意味を持つ。完全競争市場では価格だけを見ていればよいが，金融危機時には完全競争的な市場ではなく量的制約下にあるからである。

まとめると波及する場合は

[A] 平時は完全競争的な金利裁定
[B] 金融危機時は量的緩和が返済リスクを軽減する

となると，リスク調整済の利子率という観点でまとめて理解することもできよう。波及しない場合は日銀が MB や MS をコントロールできないため，金融政策に限界があると主張するのが日銀理論である。

9.3 異次元緩和の出口戦略

■マイナス金利政策は非線形料金

異次元緩和はインフレ率の上昇をもたらさず，日銀は新たな戦略の作成を

迫られた。まず2016年1月のマイナス金利の導入である。民間銀行の日銀当座預金にある超過準備のある部分に対して−0.1％のマイナス金利を課すものだ。当初の計画では当座預金残高のうち，＋0.1％が適用されるのは約210兆円，ゼロ％が約40兆円，−0.1％が適用されるのは約10兆円としていた。先の例で言えば下取りに回さず民間に売れということである。

　もともと企業が貯蓄主体であり資金市場には借り手がいないため，実はマイナス金利は自然な帰結である。さらに日銀はMB市場では独占力を持つから，「基本料金」と「従量料金」からなる非線形料金が可能だ。地方銀行には「基本料金」分は長く維持し，「従量料金」分はマイナス金利で当座預金縮小を促す。既存の出口戦略危機論はすべての預金残高に均一に当座預金利子（付利）をつける，民間銀行は一斉に国債を売却が可能といった想定に基づいていたが，日本銀行は独占主体なので非線形料金により徐々に調整は可能であると思われる。

■ イールドカーブ・コントロールと長期金利の背景

　ただしマイナス金利政策は金融機関の苦境をさらに招き，2016年9月に「総括的な検証」を公表し，短期金利に加えて長期金利も操作するイールドカーブ・コントロールが導入された。ここで国債買い入れの増加ペースが政策の操作目標から外され，オペレーションは現場主導となった。国債の購入量は「年間80兆円程度」から，2017年12月には，1年前との比較で58兆円となっており，金融緩和の操作対象を量から金利に切り替えたことを意味する。

　以前の日銀は短期金利はコントロールできるが長期金利はできないとの判断を表明してきた。にもかかわらずコントロールが可能となった理由は，資金需要者の性格が変わったことだ。すなわち企業は貯蓄主体化して民間の資金需要がない一方，国債買い入れを日銀がほぼ独占的に行って国債金利に価格独占力を持つ。そこで図9-3が示すように，国債利子率と銀行貸出利子率は乖離しており，マイナス金利による利子率押さえ込みは国債金利から銀行金利に波及していないことがわかる。

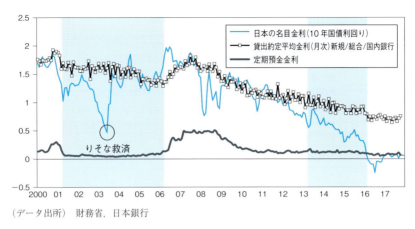

図 9-3　裁定関係が崩れた国債金利と銀行金利

■ 出口戦略と財政負担

このような金融緩和政策は永久に続けるわけにいかない。どう止めるか，出口戦略は大きな問題だ。まず最盛期のペースで毎年 80 兆円も国債購入を継続すると購入すべき国債がなくなってしまう。さらに国債購入をいきなり止めたり，日銀保有国債を金融機関に売却する売りオペを実施すると，日銀までが国債を売却したことで国債価格は暴落，長期金利は急上昇という結果を招いてしまう。

このため日銀が買い取った国債の代金は日銀当座預金に超過準備として滞留しており，出口戦略においては，当座預金利子（付利）を引き上げて金融を引き締めていく必要がある。名目金利 2% 上昇で各年の当座預金金利負担は 7 兆円，トータルでの日銀損失は 50 兆円という試算もあり，その半額であっても結局は大きな国民負担が生じるという指摘が多い。また負担はもとより，一時的な混乱をもたらすことは確実であるから，今後，株価維持政策を含めた異例の政策の解消のタイミングを測ることはより難しい。

9.3　異次元緩和の出口戦略　　135

表 9-3　金融政策の経緯

① 銀行の外部融資減少 ＝ ② 銀行の国債購入増加
　　▶2013 年 4 月　異次元緩和で日銀は国債大規模買取
⇒ ③ 量的緩和による日銀の国債購入，日銀保有残高増大
　　▶2016 年 1 月　マイナス金利（日銀利子負担軽減）
⇒ ④ 銀行の日銀当座預金増加 ⇒ ⑤ 当座預金付利の一部をマイナスに
　　▶2016 年 9 月　イールドカーブ・コントロールと利子率調整への回帰
　　▶出口戦略

■ 問題はやはり企業貯蓄

　日銀はかねてから説明してきたように，金融政策が政府の資金調達を直接的に行う財政ファイナンスと見られることを恐れている。しかし企業が黒字，政府が赤字といった状況のもとで金融緩和を行えば，（本来，金融緩和とは資金の借り手に有利にもって行くことだから）日本の資金フローの構造から必然的に財政ファイナンスになる。これまでの金融緩和は国債の利払いを最小限に抑える役割を果たしてきたことは指摘されているが，もともとの構造が財政ファイナンス的なのである。

　長期金利が上昇すれば，地方の中小金融機関を直撃する。信用金庫界の預貸率は 50％程度であり，国債を大量保有しているからである。日銀の国債大量保有に関する「出口戦略」が話題を集めているが，それ以前に不良債権問題が東京二信組問題（経営破綻した 2 つの信用金庫の不正融資事件）から発火したように，地方の中小金融機関から副作用は明らかとなっていく。

9.4　金融政策で「できること」と「できないこと」

■ 金融機能不全の 5 つのポイント：為替・予想・需要・価格・供給

　金融緩和政策の有効性についてはさまざまな議論がある。大きく分けると 5 つのハードルがあり，どれに引っかかって 2％インフレ目標が達成できなかったかについては論者によってさまざまである。

表 9-4　なぜ物価は上昇しないのか

	静学的	インフレ予想・動学的要因
需要 (デマンドプル)	需要不足をもたらす賃金低迷	デフレマインド（現日銀の説明）
供給 (コストプッシュ)	費用としての賃金低迷 日銀理論	先物市場の欠落

異次元緩和政策はここまで説明した通り

[1：為替]　円安株高をもたらしたことは事実だ。しかし一方で
[2：予想]　国内のインフレとインフレ予想をもたらすことはなかった。

さらに本書で重視し第4講，第8講で説明した通り，国内資金市場の需要・価格面から

[3：需要]　日本の顕著な特性として，企業部門の貯蓄主体化
[4：価格]　国際的な金融市場の一体化から，国際間の実質利子率均等化

が生じており，6%の世界GDPシェアしかない日本が世界実質利子率を動かすことは難しい。

加えて5つ目のポイントとして，本講で議論した

[5：供給]　供給面の問題点というべきいわゆる「日銀理論」があった。

関連する話題として，物価が上昇しない理由も各講で議論した通り，表 9-4 にまとめられる。また白川前総裁を始めとして，日銀OBは，潜在成長率が低いから，デフレになる，金融緩和が効かない，とする議論を展開することが多い。しかしこの議論は不充分である。成長見込みが低いからこそ，企業は貯蓄を増加させ，それが停滞をもたらしている。言わば人口減少社会への対応は企業が先行したのである。物価で言えば，企業利潤が上昇している中で長期継続関係のもと価格交渉を考えれば値段は上げにくいのは当然である。繰り返しになるが日本のパズルの解答は日本の特徴である企業貯蓄に

求めるべきだ。

■ 金融政策の話がこじれた理由

　以上の5つのポイントが示すように，金融政策を巡る議論は混乱を極めた。そもそも本来，プロセスが説明しにくいこともあるし，その背景には

- 旧態依然だが教科書的「国際標準」の一国モデル（**第6講**）
- 為替レートに慎重に言及すべきという（政治的）不文律

がある。旧日銀が世界標準の政策を行っていたのか，リフレ派の唱えた政策が世界標準なのか，本講で説明した通り，一口では言い切れないところがある。リフレ派の台頭という現象は経済政策史上，特筆すべき異例の事態だが，これは社会学的（**第1講**）・政治学的にも解明されなくてはならないだろう。ただし経済学的には，今後もアベノミクスの異次元緩和については円安を達成したこともあり，国際協調政策とバブルの関係のように突き詰めて論争はなされないのではないか。

　近年の金融の実態としては

- 続発する金融危機（**第6講**）と共に
- 企業貯蓄が一般的という未曾有の事態（**第4講**）が生じていたものの，残念なことに
- 分析努力は名目金利のゼロ制約に集約されたと言える。

　ただ金融の根本的な問題は，企業の資金需要減にあり，リフレに反対する人々は一言，企業は貯蓄主体であるから資金需要はなく，金融緩和に効果はないと言っておれば多くの無意味な突撃は避けられたのではないか。米国の経験や（日本においても）不動産ブームの存在は，量的緩和政策に予想や投機を通じたルートでのある程度の有効性があるものの，日本では企業貯蓄過剰によりその有効性が打ち消されたことを示唆する。日本の金融の現状は自動車工場（貯蓄主体）にレンタカー（資金）を貸しに行くようなものだ。この構造を少しでも是正することなく，破綻寸前の地域金融機関に融資増大を強制するなど，どう考えても無理である。2018年に大きな話題となったス

ルガ銀行のシェアハウス融資事件は，銀行には融資先がなく，家計は老後の不安におののいている，という日本経済の縮図的な事件だった。今後，株式や不動産市場が低迷するにつれて金融緩和の人災的側面は明らかになるだろう。

第10講 労働市場（1）：格差社会と非正規雇用

■ 格差社会の現状と，失業率の推移を理解し，非正規雇用の状況と推移を理解する。

10.1 非正規雇用と格差社会

■ 派遣村のインパクト

格差社会や非正規雇用といって何を想像するだろうか。2008年末から2009年正月まで，東京日比谷公園に複数のNPO及び労働組合によって設置された「年越し派遣村」はホームレスの労働者に住居を与え，生活支援を行うものだった。もともと2000年代に非正規雇用者は急増したものの，問題は好況に隠れていた。しかし2008年9月に生じたリーマンショックが厳しい不況をもたらし，雇い止めや「派遣切り」が横行し，連日報道されるホームレスの姿は「明日は我が身」と日本社会に大きなショックを与えたのである。その後も非正規雇用者は増加し続けているものの，ホームレスと非正規雇用者が同一視されることはない。その理由を理解するには非正規雇用者の内実を知らなくてはならない。

■ 格差社会の内実

また現在の日本ではいわゆる格差社会の議論が盛んだ。格差については，資産格差や地域格差など，ありとあらゆる議論があったが，問題の中心は雇用面と所得格差の拡大だ。しかしながら図10-1で所得再分配調査の結果を見ると，一般に言われている格差の拡大と異なる結果が見えてくる。グラフ

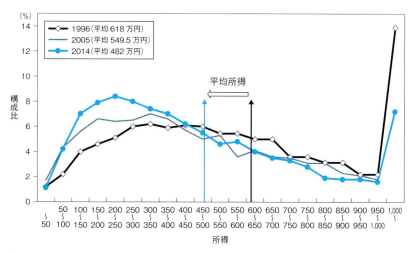

(データ出所) 厚生労働省「所得再分配調査（家計，再分配所得）」

図 10-1　格差よりも所得減少・貧困

表 10-1　各世帯の所得とジニ係数

	総数	高齢者世帯	母子世帯	その他の世帯
世帯数	4,826	1,511	59	3,251
世帯人員数（人）	2.40	1.54	2.49	2.80
当初所得（万円）	392.6	95.3	192.1	534.4
可処分所得	417.8	264.0	216.5	493.0
再分配所得	481.9	350.2	239.5	547.7
ジニ係数				
当初所得	0.5704	0.7981	0.3425	0.4399
再分配所得	0.3759	0.3813	0.2275	0.3473
改善度（％）	34.1	52.2	33.6	21.0

（注）　改善度＝1－（当初所得のジニ係数／再分配所得のジニ係数）
（データ出所）　厚生労働省「所得再分配調査」

では分布が左方（低所得側）にシフトしているものの，実は格差を表すはずのバラツキが大きくなったようには見えない。

　実際に格差を測る代表的指標であるジニ係数は単純に計測すると，格差は

拡大していることがわかる。たとえば平成26年（2014年）度の「所得再分配調査」の結果（表10-1）では，ジニ係数が0.57で過去最大となった。しかし，これは「当初所得」概念での係数であり，税を引いたり，公的年金など，社会保障の効果を加えた「再分配所得」概念では，ジニ係数は0.376となり，この数値は過去の計測からほとんど横ばいである。

　これは一体どういうことだろうか。表10-1に示されるように，高齢者世帯の当初所得の平均は95.3万円であり，ほとんど収入がないことがわかる。そのため高齢者世帯が増加する現状では，ほとんど収入のない世帯が増えて，ジニ係数は拡大する。しかし年金等を加えた再分配所得では高齢者世帯の所得の平均は350万円となるため，結果としてはジニ係数は横ばいになる（表10-1）。結局，少子高齢社会が進行している日本で，年金を加えないで所得分配を考察しても意味がない。

■「格差」より「平均」所得減少

　18歳から64歳までの生産年齢人口に限ってみても，そのジニ係数はさほどの拡大傾向は見られない（国民生活基礎調査）。非正規雇用の増大は全年齢層で見られるものの，ジニ係数の上昇は24歳以下に限って見られることで，両者はさほど直接の関係がない。もちろん後述するように，非正規雇用の増大は平均所得を引き下げる。

　結局，格差「拡大」というキャッチフレーズは適切でないレッテルである。上位層と下位層の格差が開いたのではなく，平均的に家計の所得が減少した結果，困窮層が増加したと見て取れる。もちろん就職氷河期世代や若年層の状況は注視していく必要があるが，大まかに言えばほとんどの階層で満遍なく，貧しくなったのである。少し以前には「勝ち組」と「負け組」というレッテルが流行したが，この両者が生成されて，はじめて「格差」となるが，「勝ち組」がいなければ，それは格差とは言えない。

　「格差」社会というキャッチフレーズは，中間層の賃上げの動きを萎縮させるという経営者側の労働者分断策にまんまとはまった側面も強い。

10.2 失業率と非正規雇用の推移

■ 平均所得減少の原因は何か

労働市場に生じたことは，格差拡大ではなく平均所得減少だとすれば，その原因は何だろうか．図 10-2 は毎月勤労統計の正規労働者と非正規労働者（パートタイム労働者数）の人数・労働時間・賃金をプロットしている．これで見ると，

- 両者の賃金や
- 労働時間はほとんど変わらず

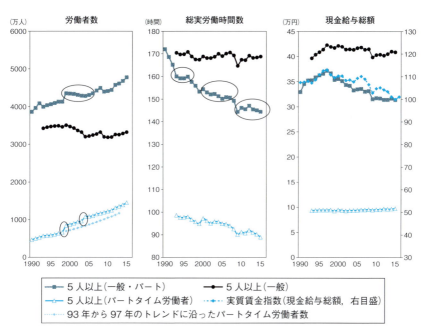

（データ出所）　厚生労働省「毎月勤労統計」

図 10-2　毎月勤労統計に見る労働者数・労働時間・給与総額

結局，平均賃金や労働時間の変動の原因は正規労働者と非正規労働者の構成比変動にあることがわかる。労働分野の問題は構成比変動にあることが多く，代表的主体を綿密にマイクロデータで分析するとさほど変わらない結果が出るのはこのためである。

さらに非正規労働者数は 1998 年と 2003 年のショック後に大きく増加していることがわかる。言うまでもなく金融危機と株価 8000 円割れの年であり，この年に職場の構造が変化するような大きな技術的なショックがあったわけでなく，専ら金融面からのショックを受け，企業防衛のために非正規雇用が増加した。当時は非常時であり，非正規雇用化はやむを得ないと考えられたために，日本社会に言わば心理的な歯止めがなくなったと考えられる。

そこでこの 1998 年のパート労働者急増がなく，それまでの 93 年から 97 年の平均増加率の 3.8％増にとどまっていたら，どうなるかを試算してみた。すると図 10-2 に示されている賃金総額は現実よりも 6〜9 兆円増加した値となった。もちろんこれはおおざっぱな数字にすぎない。しかし非正規雇用化は所得から消費へのルートを通して GDP 比 1，2％の影響をもたらしたと言えそうである。

バブル崩壊以後，失業率は 2003 年までほぼ単調増加し，好況期においても減少することはなかった（第 11 講図 11-4）。このような失業率の一直線上の上昇の結果，既存の正規労働者への保護が強力なために新規雇用がすすまないのだ，と政府は考え，そこでさまざまな規制緩和が行われた。2003 年以降の小泉改革期には，たしかに失業率は急低下したが，代わりに非正規雇用比率は上昇した。失業率が減少した部分は，規制緩和された派遣労働者など非正規労働者に入れ替わったことがわかる。当該時期は暗黙のワークシェアリングモードであったと言えるだろう。

なお雇用面での規制緩和は派遣労働を中心に以下の経緯で行われた。
- 1996 年に対象業種が 26 業務に増加
- 1999 年に対象業務を原則自由化（派遣期間は既存の 26 業務は 3 年，新規対象業務は 1 年に制限）するとともに対象外業務をネガティブリスト化
- 2004 年 3 月には派遣期間を最長 3 年まで延長し，製造業務に関する労働者

> 派遣事業（派遣期間最長1年）や紹介予定派遣時の派遣労働者特定行為が解禁

10.3 兼業農家化する非正規雇用

■ 非正規雇用の性別年齢別の実態と推移

　非正規労働者は比率もさることながら，とにかく増加した人数が多い。1990年には800万人程度しかいなかった非正規労働者は，2018年現在では1966万人と1100万人も増えている。その中で大多数は現状に満足しており，問題のある環境にいるのは2割だとしても，それは300万人以上（労働者人口の5％弱）になり，失業者総数より多くなる。

　まず総務省の労働力調査を見て，人数と年収・時給（筆者がセルデータより計算した）はどのくらいか見よう（表10-2）。アルバイトとパートが計1400万人近くいる一方，派遣社員は約1割強の125万人である。また正社員・派遣社員・パートの年収比率は4：2：1と考えればよく，派遣社員の時給がパートよりも高いことがわかる。パート・アルバイトは時給が高いわけではないが，就業時間も短い。その結果，年収はかなり低くなる。

表10-2　非正規労働者の分類

	雇用者(計)	正規(計)	非正規(計)	パート	アルバイト	派遣社員	契約社員	嘱託
男（万人）	3204	2302	639	114	213	53	149	71
女（万人）	2545	1083	1377	878	211	76	132	42
計（万人）	5244	3280	1966	970	413	125	271	109
年収（万円）	350.4	448.0	157.0	124.2	103.9	207.2	261.4	276.8
時給（円）	1838.8	1914.0	1127.8	984.8	895.7	1192.4	1387.7	1629.2
週間就業時間	38.8	45.0	28.6	25.8	24.3	35.6	38.5	34.3

（データ出所）　総務省「労働力調査（平成29年1～3月）」のセルデータより筆者計算

非正規雇用では若者ばかりが注目されるが，実は

- 55歳以上の中高年者（32%）と
- 主婦パートの多い女性25歳〜55歳層（44%）がおり，さらに
- 若年層の在学者は9%であり，

3分野で85%に達する。非正規4割2000万人という大まかな数字だけで判断すべきではない。

　非正規雇用労働をしている人の多くが，やむなく非正規という形態を選んでいると思われがちだが，それは正しくない。現在では労働力調査（総務省）に，なぜ非正規で働いているのか，というアンケート項目があり，これに正規の仕事がないからと答えた労働者を不本意非正規労働者と考えることが多い。調査では，このように回答した労働者の割合は非正規全体の15%程度であるが，人数は2013年の341万人から，2016年の296万人までこのところ減少している（先の中高年・女性・在学者以外と総数はほぼ一致する）。もちろん若者の非正規労働者ではこの比率は異なり，不本意比率は大きい。

■ 非正規雇用は兼業農家

　非正規雇用の現状は兼業農家になぞらえて理解したほうがよい。昔の三ちゃん農業とは老年男性と老年女性と主婦，すなわち「じいちゃん，ばあちゃん，かあちゃん」により農業が営まれることだが，非正規雇用の実態はそれに近い。

　非正規雇用者は雇用者の3分の1を占めるというと驚かれることがあるが，父と子が働き，母がパートに出れば，家族3人の雇用者のうち1人，つまり3分の1は非正規雇用者となる。この状況で国が過剰に介入すると，補助金漬けの農業政策のようになってしまう。

　また非正規雇用の給与水準は低く（正規労働者の約3〜4割）労働時間も短いため，数量シェア1/3×給与水準比(0.3)と計算すると，雇用者報酬全体の9割近くは正規雇用が占めることになる。そのため格差是正策だけでは往々にして，9割の人を我慢させ，1割の人を補助することになり，これではマクロ的なインパクトがない。この結果，正規労働者の賃金総額が総需要

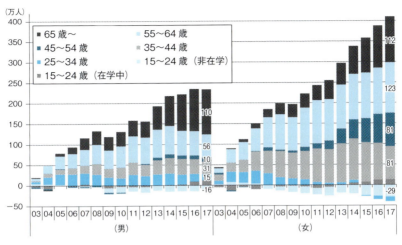

図10-3 2002年より年齢階層別非正規雇用者累積増加人数

を動かす力を持つことを前提として、それを中心に労働市場全体を考えていく手順を採用しないと、マクロ経済は円滑に動かず、後述するように回りまわって非正規労働者のためにもならない。このように近視眼的な非正規雇用保護は、かえって非正規雇用を増加させてしまう（動学的不整合性）という問題がある。

■ カテゴリー別非正規雇用の推移

　ここで、非正規労働者を性別年齢別にカテゴリーに分類して時系列的な推移を考察してみよう。2002年から2018年までの、非正規雇用者数増加累積値の内訳は（図10-3）

［1］　高齢化に伴う増加（55歳以上は女性235万人、男性166万人増加）や
［2］　女性の社会進出による増大

が量的には大きい（ただしパート・アルバイト増加が大きい）。しかしリーマンショック後の派遣村で保護された96％が男性であったように、報道では

10.3　兼業農家化する非正規雇用　　147

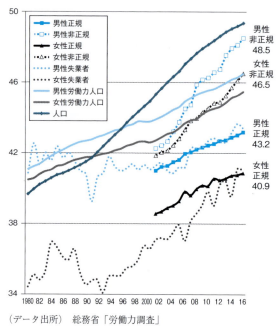

図10-4　急速に高齢化する非正規雇用者

（データ出所）　総務省「労働力調査」

［3］　壮年から中年の男性の非正規労働者の急増（男性25歳から54歳のカテゴリーは増加数は小さい（56万人が，実は2001年から2005年の不況期に急増した））が大きく注目を浴びた。

若者については就職氷河期に直面した世代はフリーター化して，正社員になれない，とまで言われたが，実は

［4］　若年男性の非正規雇用者数は減少した。ただし男性ばかりでなく，

［5］　女性の若年層も大きな問題である。家計補助的なパートタイマーばかりでなく，未婚の団塊ジュニア層が増加しているからである。

また若者非正規の苦境といった一時の報道とは異なり，図10-4が示すように，正規労働者より非正規労働者の平均年齢が高く，非正規対策は若者保

表 10-3 さまざまな非正規労働者

	男	女
高齢者	[1] 定年延長とリストラ	[2] 高齢おひとりさま
中年層	[3] 派遣村	[2] 主婦パート
若年層	[4] 就職氷河期	就職氷河期 [5] 未婚・母子家庭

護にならない。

以上の5つのグループにはそれぞれ重要な根深い問題が存在している。これをひとまとめにして、解決することは、元から無理な話である。

労働市場の階層構造を考えれば

[1]　中核社員の下部に
[2a]　非正規雇用に従事する主婦パートなど「労働時間調整グループ」
[2b]　非正規雇用に従事する中高年男性など「切羽詰まったグループ」

が位置しており、まずは問題を3分して考えることが適当である。非正規雇用対策の最大の問題は大量の「労働時間調整グループ」が、「切羽詰まったグループ」にフタのように覆い被さっていることである。このため対策は第3グループまで到達しにくい現状がある。

■ 非正規雇用の理論分析：パッケージかチョイスか

ミクロ経済学では2つの財を代替財と補完財に分類することがある。

- どちらか一つを選ぶ、紅茶か珈琲かを選ぶような関係は代替財，
- 紅茶と砂糖のように両者を同時に需要する関係を補完財

と呼ぶ。パッケージとなっているのが補完財、どちらか選択のオプションになっているのが代替財である。非正規雇用は基本的には補助作業に従事する場合が多く、正規雇用者と非正規雇用者は補完的と見ていい。そう考えると正規雇用者が忙しくなれば、非正規雇用の需要が増えるというように両者の

時間・人員など数量は同方向に動く。

さらに非正規雇用の厄介な問題はITとの複雑な代替性である。非正規雇用の多くは補助的な業務が多く，雇い主は「秘書を雇う」か，パソコンで秘書的な仕事を「自分でするか」の選択に直面する。雇い主が多忙になれば秘書を雇うが，秘書の賃金が上がれば雇わない。この意味で，非正規賃金上昇を先行させると，かえって雇用を減らす場合もありうる。

こういった状況で

- 「格差是正」のため，ただ単純に非正規賃金を上昇させることも
- 「労労対立」などと言って，正規の中核労働者は賃上げを我慢すべき

という対応策も，実は両方とも望ましくない。それは正規・非正規雇用者の仕事の種類が異なるからである。

> **練習問題**
>
> アベノミクスの支持者は就業者数の増加により，アベノミクスを有効としている。しかし就業率はさほど変化していないなど，反論も多い。この点を調べてみよう。

10.4 女性労働とM字型カーブ

非正規雇用の中心を占める主婦パートは，依然として女性労働の中心的課題である。従来，M字型カーブといって，女性の労働力率が子育てのため，30代で低下することが観察されてきたが，このところ第1子出産前後の継続就業率は上昇して，1990年には存在していたM字の谷が2000年には，労働者数では解消した（労働力率では解消までは達しないが，浅くなっている）。そこでこの変化は，一見望ましいようだが，実は以下の非正規化・未婚化・少子化を伴っている。若年女性の状況をまとめると

［1：非正規雇用化］　一番の問題は女性の正社員数は1997年9月の1172万

人が最高であるということだ（労働力調査）。女性の雇用者自体は現在では2700万人に迫るものの，増加分は非正規雇用者がほとんどだ。

[2：未婚化] M字型カーブの底は上昇したが，その理由は未婚者の増加だ。25〜29歳までの有業無配偶者は27.6％増加した。

[3：少子化] 合計特殊出生率は低下を続け，少子化傾向が強まっていることは周知の通りだ。

■ 主婦パートと配偶者控除

配偶者控除と言われる税制上の特典の見直しは常に議論となっている。パートタイム労働者の多くが主婦であり，そこから以下の2つの壁が存在し

[1] 主婦であることから持ち家のある地域から離れられず
[2] 「パート収入103万円の壁」が所得税や社会保障面の制度にあること

が企業の買い手独占状況による低賃金状況を支えている。

今の仕組みでは，配偶者の年収が103万円以下なら，世帯主は年収から38万円を引いて所得税額を計算できるため，家計の負担が軽くなる。配偶者の年収が103万円を超えると，差し引ける金額が段階的に減っていく。このため図10-5が示すようにパート労働者は賃金が上昇すると，労働時間を減らしていく。これは専業主婦がパートなどで働くことに適した制度である。2018年，さまざまな議論を経て「103万円」から「150万円」に閾値が引き上げられた。

この状況が望ましいかどうかという問題の解答は各人の家族観に依存する。まず父が正社員として働き，母がパートやアルバイトとして補助的に働く場合には，この配偶者控除の制度が適している。もともと女性のパート・アルバイトは家計補助的な役割を持ち，税金や社会保障費の関係で年収100万から130万以上にならないように，労働時間を調整する労働者がほとんどであることが知られている。

実際，厚生労働省の「就業形態の多様化に関する総合実態調査（2014）」では，パートタイム労働者の生活をまかなう主な収入源については「自分自

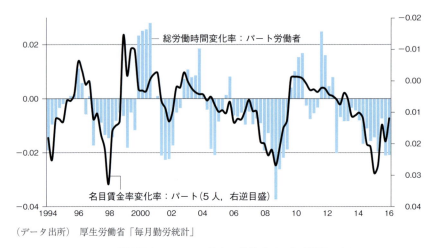

図 10-5　逆相関するパートの賃金と労働時間―名目総額の上限―

身の収入」が 28.6％ と他の就業形態と比べて低く，代わって「配偶者の収入」とする割合が 56.4％ と高いことが示されている．一方，企業側も正社員以外の労働者の活用理由としては，平成 22 年（2010 年）度の調査で「賃金の節約のため」40.8％，「1 日，週の中の仕事の繁閑に対応するため」31.8％，「即戦力・能力のある人材を確保するため」25.9％ を挙げている．

　しかしこれでいいのか，という考えも浮かぶ．実際，男女共同参画社会が叫ばれているにもかかわらず，女性の正社員数は横ばいである．そこで政府内では当初は，夫婦なら片働きでも共働きでも一定の控除を受けられる夫婦控除に切り替えることを検討していた．だが政府・与党内で専業主婦やパート主婦への配慮から反対論が多く，結局配偶者控除存続の方針に転換した．

　なおここで考えている「壁」は所得税のものだが，他にも 2 つの壁がある．まず企業が支払う世帯主への家族手当であり，これは 103 万円の壁を支給要件の境に設定していることが多い．もう一つは社会保険の「130 万円の壁」である．配偶者の年収がこれを境に増えると，世帯主の扶養家族から外れ，自ら厚生年金保険料などを負担することになる．これらの制度との整合性も求められている．

■ こじらせ女子と儒教と負け犬

女性労働問題の背景には，日本社会と女性を巡る家族観・結婚観がある。

- 男性が働き女性が家事をするという伝統的家族観の下では，日本の職場における長時間待機志向は，女性の子育ての時間を奪い少子化の遠因となる
- 学歴の高い男性を望む女性と自分より学歴の低い女性を望む男性の結婚観が，女性の高学歴化のもとでマクロではマッチしない
- 管理職にはなりたくないが，無能な上司のもとでは働きたくないという嗜好

であり，女性の社会的評価と異性からの評価や期待が異なることにジレンマがある。

これらの微妙なポイントを経済学的にとらえたものに，出生率に関するイースタリン仮説がある。これは生活のあるべき期待水準が子どもの時の父の所得を中心に形成され，現実の生活水準がそれを上回ると出産するというものだ。

■ 産休はそんなに問題か

女性労働における最重要の課題は産休後の離職を防ぐことである。長期にわたる産休の後では仕事の勘が鈍るため，閑職に追いやることはやむを得ない，というが，本当だろうか。海外勤務や留学，ジョブローテーションを考えれば，2～3年の産休がそれほど問題になるとは思えない。内部昇進制をとる日本企業の中で男性側のライバルを減らす方策ではないだろうか。是正措置として，女性登用の数値目標や企業別出生率の設定など，女性の労働環境改善のためできることをもっと検討すべきだ。安倍内閣は女性活躍をはじめ，「1億総活躍」，「働き方改革」や「人づくり革命」など，さまざまな労働改革を掲げている。金銭支援か，長時間労働是正の直接介入か，働き方改革を巡る議論は尽きない。

練習問題

パート労働の多い女性労働のあり方について，その是非を考えてみよう。

10.5 個別紛争はリストラからハラスメントへ

　女性の仕事と家庭の両立に関する問題は深刻だが，労働市場のタイト化（需給逼迫）に伴い，職場の問題は変化している。個々の労働者と事業主との間のトラブル防止相談の公的な制度として「個別労働紛争解決制度」があるが，相談の主内容は解雇リストラ等の問題からパワハラ（いじめ嫌がらせ）へ移行した。

　ミクロ的な労働問題は上司と部下や雇い主と労働者のように，経験や立場によって，どうしても意見が違うものだ。大きなくくりとして，労働分野に規制があることは当然のことだが，6500万人の統一ルール，隅々まで完璧なルールは不可能だし，何が何でも監督規制をする必要はない。

　安倍政権の働き方改革は以下の3つの骨子からなるが

[1]　正社員と非正規労働者の「同一労働・同一賃金」
[2]　残業時間の上限規制（毎月100時間）
[3]　裁量労働制の拡大・高度プロフェッショナルの「脱時間給」

　この3つはそれぞれ方向性が違う。1と2は規制強化だが，3は規制緩和となっている。2015年末に起こった電通の新人女性社員の過労自殺事件がきっかけとなり，長時間労働が問題となったが，実際の問題の本質は時間ではなくパワハラではないか。教育研修というものは立場や経験の差が顕著なため，容易にパワハラが起こりやすく，また個人の技能習得度によっては通常の仕事であってもパワハラになってしまう場合もある。自転車に乗ることができる人にとって，10分後に3キロ先に集合と言われてもどうってことはないが，乗れない人に要求すればパワハラになる。

　それ以上に重要な課題は労働市場のタイト化の維持であり，労働者がいわゆるブラック企業から逃げられる状況を維持することに発想を切り替えるべきだ。労働は生産物の派生需要である限り，労働市場のミクロ改革だけでは解決できない。あれほど「格差」と職場環境の悪化が騒がれた時期から間もないのにまた外国人労働者導入で問題を蒸し返すことは理解に苦しむ。

■ 格差是正策への反感と限界

　格差是正を担う政策であるはずの生活保護など社会保障政策については，好況期には一般の国民の懐疑感が強い。受益者が一部に限られているため，多くの社会保障への反感が高まると考え，

- 選別をやめ，より社会保障の適用範囲を広げる方策と，
- 財政難もあり，受益者をピンポイントで狭めていく伝統的な方策と

の2つが考えられるものの，前者を掲げた政党は有権者に支持されていない（社会保障従事者に前者の考え方が人気があるのは当たり前である）。

　アンケート調査の結果は示唆的である。内閣府の「国民生活に関する世論調査（2015）」では，中流意識や生活の満足度は増大している（一方で生活は苦しくなっているという結果もあり，整合的に理解は難しい）。増税につながる社会保障の範囲拡大は，この状況では国民全体の支持は得られない。

　非正規雇用や「格差」是正問題は重要な課題であることは確かだが，それだけではマクロの問題は解決しない（なお現状の最低賃金は東京で985円（2018年10月現在）であり，週5日8時間労働で $985 \times 8 \times 20 = 157600$ 円となっており，年間160万円程度となる。相対的貧困率を示す貧困線（等価可処分所得の中央値の半分）は122万円（2012年，二人家族は172万円）である）。繰り返しになるが，非正規労働者の人数の比率が4割近くであるといっても，時給は正規雇用の半額，労働時間も短く，マクロの総賃金に占める比率は1割強程度である。この比率のもとで，正規労働者が賃上げを我慢して非正規に配慮することは，望ましくない結果をもたらす。9割を下げて1割を上げることになり，全体で生産物需要が減少して，労働市場のタイト化を阻害する。これでは我慢が報われない。

　格差問題は，より困窮した労働者が存在すると指摘することで，労働者全体の賃上げ要求をひるませた副作用もある。格差是正策は結果的に労働者を分断することになったのではないか。

第 11 講
労働市場（2）
：賃上げはなぜ必要か

■ 大企業内の状況を把握し，日本的労働慣行と労働市場改革について理解し，労働面から賃上げの状況を考察する。

11.1　大企業の内部労働市場

■ ドクター X の伝統

　米倉涼子主演のテレビドラマ「ドクター X」が大人気だ。特定の組織に属さないフリーランス医師が大学病院の権威主義に挑んでいく，この構図は組織のしがらみに疲れた人々の共感を呼んでいるのだろう。ドラマは言わば日本的雇用慣行のもとのピカピカの大病院が舞台だが，昔も同じようなドラマがあったことに気付く。それは股旅物と言われる時代劇だ。流れ者のヤクザや孤高の剣豪が代官と越後屋の癒着や横暴など地域の問題を解決して去ってゆく。つまりドクター X とは現代版孤高の剣豪なのである。

　実際，日本の大企業の組織内部は昔も今もあまり変わらない。図 11-1 は 2010 年と 2016 年の「賃金構造基本統計調査」により，1000 人以上の企業の男性大卒の給与と人数を各年齢ごとにプロットし，日本の大企業内の状況を表している。

　［1：年功賃金制］　賃金カーブはほとんど変化していない一方
　［2：新卒一括採用］　バブル入社組と就職氷河期の人員数への影響は大きい。
　　バブル崩壊後の 1994 年頃から就職氷河期と言われるほど就職難が続いたものの，97 年の金融危機後から新卒市場の好転する 2004 年前後までに，

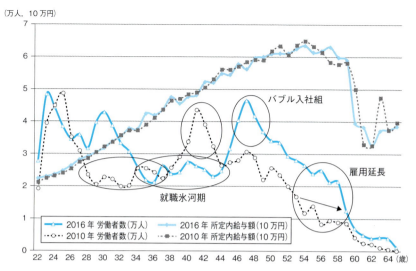

図 11-1　バブル入社・就職氷河期・雇用延長

就職状況は悪化した。時に就職氷河期入職者の賃金水準が低いと指摘されるが，その理由は大企業正規雇用者採用数が少ないからだ。

［3：終身雇用制］　労働者数の比較からわかるように高年齢労働者の雇用延長の影響も大きく，勤続年数は伸び，中核層の長期雇用は深化している。

■ 雇用慣行は崩壊していないのか

　以上のように，さまざまな批判的議論に反して，各種統計の示す日本的労働慣行は「崩壊」より「強化」の方向に進んでおり，これを前提としなければ，マクロ経済の議論は始まらない。現状は，日本的慣行の

- 大企業に入ろうと若者が血眼になるのも，
- 職場で「働かないおじさん」や「追い出し部屋」が増えるのも，

皆，この流れを受けている。

11.1　大企業の内部労働市場

時に賃金カーブはフラット化しているとの分析があるが，それは労働者全体の動きではなく，大卒者など，元にした母集団自体が大きくなっているためである。

(a) 大学進学率（図11-5）は上昇し，大卒者は以前の限られたエリートではなくなり，大企業の社員自体も増加している。
(b) 日本経済の高成長期の労働者の賃金上昇カーブはベースアップにより急で，低成長期には急でないことは当たり前である。

■ 日本的雇用慣行と職種別市場

統計とは別に，長期雇用や年功賃金により特徴付けられる日本的雇用慣行はいつも議論の的だ。ドクターXの仇役が大学病院内で出世を目指すように「良い会社に入って安定的な人生を送る」ことは，これからの日本で果たして可能なのか，フリーランスとなって「技術を身につけ専門家として生きる」ことが望ましいのか。どういった仕事人生を選べばよいのだろうか。

長期雇用や年功賃金により特徴付けられる日本的雇用慣行の基本は，高学歴者が安定した大企業に入り，それによる「悪平等」の制度と見ることができる。つまり熟練しようとしまいと，雇用は守られ，同じように出世し同じように給料をもらえるという「ぬるま湯」の制度である。もちろん絵に描いたような「完全な平等」はありえないが，ある程度は当たっている。もちろん日本的雇用慣行には弊害も大きい。一企業内でのキャリア形成のみを考え，過剰な出世志向が，企業内の不祥事に目をつぶるなど，負の側面を生んでいることも忘れてはならない。

■ 職種別市場は形成されるか（1）：若者の不安

ただし筆者は専門家市場が生成されるという見方は，もはや主流になることはないと考えている。

その第一の理由は若者の嗜好である。日本的雇用慣行は「保険と相互扶助メカニズム」によって理解できる。これから就職しキャリアや熟練形成に不安を持つ大学生の「事前」の立場で見れば，悪平等は技術習得・熟練形成に

関する不安への「保険」となっているわけである。学生や若年層において，自らのキャリアが成功するかどうかは常に不安だ。そこで大企業の傘の下に入って保険をかけたい気持ちは無理はない。また長期住宅ローンが住宅取得への意欲を促し，さらに借金をすることが何ら市場メカニズムと矛盾しないように，長期雇用は安定的な人的資本形成に大きく寄与している。

筆者は大手志向に走る若者を責める気になれない。「格差社会」やブラック企業，非正規労働者に関する一時の報道に接すれば，若者が過剰な大手（安定）志向を持つことは無理はない。時に若者は保守的だ，と成功した中高年がいらだつことがあるが，あらゆる世代でこのようなことは繰り返されてきたのだろう。

■ 職種別市場は形成されるか（2）：経営者の内部選抜

第二の理由は，終身雇用制は経営者の内部選抜のために使われていることが多いためである。そのために幹部候補生はいくつかの業務を経験し，出世していく。通常，昇進したい係長は課長の外部登用には反対する。課長は部長の外部登用に反対する。というように，上位になればなるほど外部登用への反対は強まり，難しくなる。一時，プロ経営者という存在がもてはやされたが，これらはすべてオーナー企業のオーナーが著名経営者を少数だけ引き抜いた事例であった。

欧州の古典的な徒弟システムのように，数年修行して後は賃金横ばいがよいのか，「一生修行」で内部選抜のため成長していくのがよいのかは判断が難しい。

■ 職種別市場は形成されるか（3）：専門職不信と崩壊

第三の理由は現状の専門職を中心とした職種別市場が事実上崩壊していることにある。弁護士や歯科医師など資格を持った職業，いわゆるサムライ資格は規制緩和による定員増大により，崩壊寸前とまで言われている。

さらに世論も好意的ではない。

● 市民感覚を導入する裁判員制度や

●教育現場で行われた校長などへの民間人登用

などに代表されるように，専門職への不信が背景にあり，それを「市民感覚」や規制緩和で補う「改革」が多かった。実際，外部の状況を考慮せず，自分の専門領域での経験と技能の範囲内でしか判断できない「専門家」のいがみあいに困ってきた。さらにITの発展によって，一般の人々が専門知識にアクセスしやすくなったことで，中途半端な専門家は駆逐されていくのではないか。

もともとアダム・スミスが「分業は市場の広さに制約される」と述べたように，専門職が最初にあって経済が成立しているわけではない。村のよろず屋が専門店化するには，特化と標準化が不可欠だし，ひと固まりの仕事から特定のジョブが切り出されて専門職として確立することになる。しかし現状では，高収入の専門家が大量に必要とされているのではなく，IT化のもと，非熟練非正規労働でまにあう職種への需要が増加するように思われる。

■ なぜ不満は解消されないのか

以上の理由で，今後大規模な職種別市場が形成されるとは考えにくい。

それでは日本的慣行になぜ不満が続くのだろうか。これは情報の経済学の初歩が示すように，完全情報の仮定を離れ，「非対称情報」が存在すれば，以下のような望ましくない状況に陥ることから説明がつく。火災保険に即して説明すれば，

[A]　火事を起こす危険の高い人ばかりが加入して，危険の低い人のための保険が成り立たないのが「事前」の逆選択であり，
[B]　保険があるので，かえって火の用心を怠ってしまうのが「事後」のモラルハザードである。

このように完全な保険というものは非対称情報の存在のもとでは成り立たず，公的な強制加入保険が社会保険として存在することが多い（**第13講**）。しかし日本の労働市場では，人的資本や熟練形成に対する保険として

[a]　企業は入口で厳しく新卒の選抜を行って，逆選択を防ぐ一方
[b]　内部で相互監視を行うことで，事後的なモラルハザードを防ぐ。

このような非対称情報の是正策は，実は以下のような日本的慣行の欠点（と言われる点）にもつながっている。

[a1]　「平等」を阻害し，学歴や肩書き（シグナリング）を重視する社会
[b1]　小集団の「顔の見える」範囲で相互監視を行い，プライバシーを尊重せず小集団の利益のみを考える息苦しい「共同体」的社会

理想的な保険は成り立たず，「事前」では参加者が制限され，「事後」では保険金は完全ではない。また，これらの長期雇用による熟練形成に対する保険は，労働組合が存在する大企業セクターが中心であり，国家レベルのセーフティネットではない。つまり二重構造の上部には保険がかかっているが，下部にはかかっていない。

この構造を踏まえて，日本的慣行への不満を大別すると，

[a2]　そこから漏れ，はじかれた人（保険に加入できなかった人）は，保険の存在そのものに恨みを持ち，「弱者救済」を叫ぶことになる。
[b2]　成功した人，有能な人（火事を起こさなかった人）にとっては，保険などなければ，もう少し給料がもらえるのにと「悪平等」を恨むことになる。よく若者にリスクを取れ，と言ったり「個の自立」が大事というのはこのグループである。

かくして日本的慣行は上下両サイドより嫌われることとなる。しかし改革の方向性は，同床異夢であり

[a3]　学歴不問など「（機会の）平等」のもと，加入基準を下げ保険を拡大
[b3]　市場原理により「成果主義（信賞必罰）」のもと，リストラで保険を縮小

という180度異なる処方箋となって，議論はまとまらない。実際には「学歴不問」等の対応策は逆選択を起こして「保険」を破壊させて，いわゆる中間

層の階層分化を起こしてしまうことにもなりかねない。

　もちろん保険の成立のためには「平等」も「プライバシー」も軽視してよいわけではないし，情報の非対称性のもとであっても改革は不可能でもない。大きなスローガンを掲げて右往左往することでは問題は解決せず，地道に情報の非対称性を一つずつ克服する手立て，つまり

> [a4]　逆選択を防ぐ，地道な採用・昇進方法の改善
> [b4]　モラルハザードを防ぐ，労働者の士気を高める環境整備

が必要という意味だ。徒に欠点を大上段にあげつらっても問題は解決しない。

■ 応用問題としての副業と残業

　保険といった観点から見ると，日本企業における残業や副業のとらえ方がわかる。職務遂行能力が足らなくとも（悪）平等的な賃金体系であるからこそ，せめて一心に業務に従事してもらうことが必要となる。副業解禁とは保険の放棄を意味することになるし，日本企業が仕事に対するやる気や態度を重視する理由もわかる。表 11-1 は慣行の分析軸を示しているが，導入の進む（地域）限定正社員制度も含めて，だいたい下に行くほど日本的慣行から外れて，スポット市場に近くなる。

　日本的雇用慣行は大企業でないと維持できないが，それは大企業内部が小

表 11-1　日本的雇用慣行の分析軸

		正社員	限定正社員	非正規	（女性）
1	経営者選抜・昇進	○	×	×	
2	転勤・配置転換	○	×	×	△
3	賃金・保険の存在	○	△	×	
4	技能訓練	○	△	△	
5	副業	△	○	○	
6	残業・労働時間規制	△	○	○	△
7	（人間関係）	△	?	?	

さな社会であり市場であるからだ。ジョブローテーションによりソリの合わない上司との人間関係が永遠に続くことはないし，事業部制や子会社を使って，経営者の適性を試すことができる。米国ではジョブ・ギャランティや職業別生涯賃金保障の保険といった形で，労働分野における保険の議論が進んでいる。雇用流動化で構造改革が成し遂げられるとは思えない。

> **練習問題**
> 安定した大会社に入るのがよいか，小さくともエキサイティングな企業に入社するのがよいか考えよう。

11.2　マクロ的労働慣行と春闘

■ マクロの保険メカニズム

日本の労働慣行について考察する場合，

> Ⅰ　長期雇用制や年功賃金制に代表される大企業レベルでのミクロ的な慣行

ばかりが，日本的雇用慣行と呼ばれることが多いが，それだけでなく，

> Ⅱ　春闘やボーナスに代表される市場全体のレベルでのマクロ的な慣行
> Ⅲ　暗黙知に依存し，大まかな職務内容とその区分に代表される職場レベルでのマイクロ・マイクロ的な慣行

と3分割して労働慣行全体の理解をする必要がある。

前節では日本の大企業の賃金制度は保険メカニズムの特徴を持つことを説明した。これは労働者個人の熟練形成などの不確実性に関する保険であったが，これから説明する春闘とボーナスといった賃金制度は対象とする不確実性が異なり，マクロ的な景気変動などの変数に対する保険となる。

また制度的に複雑なのは，これらのマクロ的賃金設定メカニズムは，春闘で決められる定期給与が「一階部分」，ボーナスが「二階部分」の「二階建て」となっていることであり，両者が分離している理由は

表 11-2　日本的労働慣行の 3 分類

	基本的要因	制度	成果
マクロ的な慣行	●マクロ的ショックに対応するメカニズム ●産業特殊的な熟練や労働保蔵	春闘やボーナスなどの統一的賃金設定 経団連や財閥などの産業横断的経営者組織	低い失業率・インフレ率（特に第二次石油危機以降）・伸縮的な賃金・平等な所得分配・高い経済成長
ミクロ的な慣行	●企業特殊的な熟練の形成とその不確実性	終身雇用制（定期入社・肩たたき・出向） 年功賃金制（窓際族・労働保蔵）	高い労働定着率 高勾配の賃金プロファイル
マイクロ・マイクロ的な慣行	●暗黙知に依存し、大まかな職務内容とその区分 ●職場でのさまざまな不確実性（異常への対応）とそれに対応する熟練形成	日本的生産方式・多能工やQCサークル 内部昇進・遅い螺旋型昇進・頻繁なジョブローテーション	勤勉だが専門性に欠ける労働者（低い欠勤率・長時間労働） 自発的なカイゼン

[1]　春闘はマクロ経済全体の状況を踏まえ，個別の状況を平準化して賃金を支払う。しかし一方で

[2]　ボーナスは産業別や企業別の個別要因を反映しているからである。

　さらに春闘方式は本来は，生産に不可欠で交渉力の強い大企業の中核労働者が先頭に立って，賃上げを要求する方式であり，これらの雇用は賃金にほとんど左右されない（男性の賃金弾力性は 1 以下で極めて低く，むしろ先述の格差是正策のほうが雇用阻害効果は大きい）。以上の理由で，分配の方向としては逆進的ではあるものの，大企業中核労働者から賃上げし，そこから全体に波及を目指す方式が，春闘方式なのである（大企業の人件費のウエイトは日本経済の総額人件費の約 24％程度と計算される）。

■生産性上昇が先行する必要はないのか

　現状は人手不足で賃上げが足らない状況であり，国民経済計算のデータから明らかなように，1997 年の金融危機以来永らく生産性以下に押さえられてきた賃金を上昇させる時期だ（図 11-3）。

　また日本の労働生産性は労働保蔵状況に大きく左右され，需要増大と共に

(労働の稼働率が上昇し) 生産性が上昇するものの, 時間当たり賃金は労働保蔵が解消してから遅れて上昇するなど複雑な動きをする (**第3講 図 3-5**)。

■ 合成の誤謬と集団的労使関係の閉塞

それではなぜこれまで労使は賃上げ要求に及び腰だったのであろうか。問題はいわゆる「合成の誤謬」である。スタジアムで皆が座っている中, 一人立ち上がれば試合はよく見える。しかし皆が立ち上がれば元の木阿弥だ。そして自分一人だけ座れば試合は見えなくなってしまう。

個別企業が賃上げすれば, 各企業の労働分配率をいったんは上げることになり, それは企業存続のリスクを増やしてしまう。(事実上他社に移れない) エリート社員にとって出世の可能性を減らすことにもつながる。しかしマクロ経済では, そうなるとは限らない。春闘の創始者太田薫は「闇夜の一人歩きは怖いからお手々つないで」と述べたが, 結果的に「みんなで渡れば怖くない」ことになる。

具体的に労働分配率に即してこの「合成の誤謬」を説明しよう。労働分配率は

$$\frac{①賃金 \times ②雇用量}{③付加価値 (産出量)}$$

と定義される。②と③が変化しないという一時的な想定 (部分均衡的) のもとでは, 確かに個別企業の賃上げは労働分配率を上げて, 経営を不安定にしてしまう。しかしマクロ的に見れば (一般均衡的) 賃上げは

- ②の雇用量を減らすかもしれないし,
- ③の付加価値 (産出量) を増やす可能性もある。

②の労働市場は先述したように好調であるので, ③を考えよう。マクロで (個別企業の賃上げの総和の結果として) 総需要が増加すれば, 分母が増大し結果的に労働分配率が増加するとは限らない。実は歴史的には日本のマクロ的な労働分配率はほぼ一定だ (**第5講 図 5-1**)。

この背景には勤労者所得と消費の関係が安定しており (ケインズ型消費関

数），所得から消費へスパイラル的に産出量が増加（乗数効果）していくことがある。さらに分子が増えれば分母も増えるばかりか，その上昇率は分母のほうが大きいことが通例だ。その結果，労働分配率は賃金の上昇と共に緩やかに減少する場合が普通だ。

■ 生産性基準原理とインフレ

近年の議論は，以前の労使の対立の論点よりも退歩している。

- 旧日経連はインフレ抑制を目的とする「名目賃金上昇率を実質付加価値生産性の伸び率の範囲内とする」生産性基準原理を主張してきた。一方，
- 旧同盟が主張した逆生産性基準原理とは「実質賃金上昇率を実質労働生産性上昇率に合わせるべき」という賃金決定の考え方であった。

これらの原理は「インフレ抑制」か，「消費増大」か，という選択肢につながるが，賃上げがマクロの変動をもたらすことを前提として，その結果が望ましいかどうかを巡る対立であった。ところが「官製春闘」開始まで賃金設定がマクロ的変動をもたらすことすらも認識していなかったのではないか。

デフレ傾向が春闘の形骸化をもたらしたと考えることもできる。賃上げ決定の三要因は好不況に連動して同一方向（失業率は逆方向）で動く

［1］ 労働需給と格差問題に関わる「失業率」
［2］ 生活費保障に関わる「インフレ率」
［3］ 支払能力と成長に関わる「企業収益」

であり，これらが好転していることは随所で述べた通りである。

企業内部のインサイダーである労組は生活費に直結する「インフレ」にはコンシャスだが，企業外部のアウトサイダーの「失業」には無関心だから，デフレ傾向で春闘が形骸化したとも言える。

■ 春闘方式は日本独特か：ボーナスの役割

組合側の格差是正要求と並んで，最善と言えないのは経営者側の主張するボーナスで払うという策である。

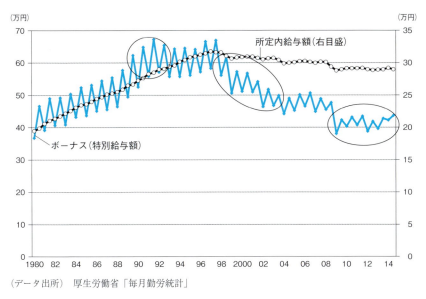

図 11-2　ボーナスと定期賃金

　春闘方式は日本独特のものか，といえば，必ずしもそうではない。北欧やドイツなどで，全国的な賃金交渉は存在し，メルケル独首相（2018年現在）が賃上げを希望するなどと時に報道される通りである。ただ諸外国のシステムは硬直的であり，日本の場合はボーナスで個別要因を調整する幅があることが長所である。ヨーロッパは職種別労働市場の伝統から職種の賃金を決めるという色あいが強く，個別の企業の業績にリンクすることが難しいから，日本的な企業別の調整システムはない。

　ただボーナス比率は大企業正規労働者に大きく，なおかつ労働市場全体でボーナスをもらっている人の比率も金額も縮小している。節目は小泉・竹中ショックの2003年と業績連動賞与という考え方が衰退したリーマンショック以降の2009年である。このため，ボーナスを少し増やしたとしてもその効果は労働市場全体に行きわたらない。

　ただし大きく減少したのはボーナスである。図11-2 はボーナスと所定内

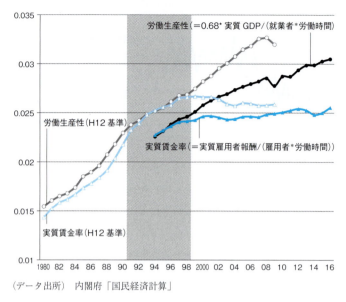

図 11-3　実質賃金率と実質労働生産性

賃金の推移を示しており，左目盛（ボーナス）は右目盛（所定内賃金）の倍の密度である。バブル期にボーナスは増加したものの，金融危機直後の 1998 年が転機となり，2003 年頃に下げ止まった。ただし 2008 年のリーマンショック後，業績連動型賞与を推奨していた経団連の Web サイトからは関連する記載はなくなった。

■ 賃上げはなぜ達成されないか

　図 11-3 が示すように労働生産性が上昇するなど，外部環境は良いのに，さほど賃上げは達成されていない。その理由を現在・未来・過去の 3 つのポイントに分けて考えよう。

　［1：構成比変動］　最初は現状把握を巡る統計の問題である。労働分野では少子高齢化・非正規化に加えて，高学歴化・女性比率増加など，労働者

表 11-3　構成比変動をもたらす各種要因

	人口増加率	大卒進学率	女性の社会進出	大手／非正規就職率
グラフ	図1-7	図11-4		図11-1
トピックス	団塊の世代 団塊ジュニア	バブル後の停滞	M字型カーブの緩和	バブル入社組 就職氷河期

の構成比に顕著なトレンドがある。さらに団塊世代やバブル入社組・就職氷河期など，構成比に一時的に大きな影響をもたらした要因も多い。この結果，実態把握は案外難しい。毎月勤労統計の平成29年（2017年）度の結果では，現金給与総額は，一般労働者が0.5％増，パートタイム労働者が0.7％増で両者とも増加しているが，両者を合わせると0.4％増にすぎない。これは賃金の低いパートタイム労働者の構成比が増加したためだ。そこで構成比を固定すると，見かけほど賃金が停滞しているわけではないことがわかる。賃金のみならず，（構成比を固定して変化を見る）ラスパイレス型の指標などをどこかの機関で継続的に発表してほしいものだ。

[2：将来不安]　第二のポイントは将来不安である。人口減少のもと日本経済の先行きには自信が持てないし，企業の存続が不安だという労使が多い。この不安には社会保障負担の増大という点も含まれる。労働慣行が繰り返しゲームによって支えられるならば，ゲームを繰り返す展望がなくなっているということだ。

　ただし，名目賃金は将来下げられないから，今は（先行きが不透明なので）上げられないという意見があるが，賛同できない。確かに実務関係者にはそんなことを言う人が多い。しかし将来に波及しないバッファーとしてのボーナスが存在しており，これは一時的に上げられるはずだが，さほど上昇しているわけではない。

[3：過去の負債]　第三の問題は過去の制度的（負の）遺産である。介護分野では，失業者の受け皿として，拙速に雇用を増加させた点もあり（新

総合事業ではボランティアもより関与し，ますます賃金引き下げ圧力が高まる），暗黙的なワークシェアリングの雰囲気のもとで，非効率な作業方法が温存された（ただし時間当たりの労働生産性変化率は賃金以上に上昇している。図 11-3）。

まとめると

- 将来不安要因が労使交渉で賃金が設定される大企業の固定的な労働者に当てはまり，賃上げを後押しする政策余地が大きく，
- 過去負債要因は市場原理が有効（**第 5 講**図 5-4）な中小非正規に当てはまり，政府の後押しなど介入は望ましくない

と見ればよいだろう。（平均）賃金を押し上げるべきだが，（限界）最低賃金介入には慎重であるべきだ。

さらに組合の反応が弱いことも見逃せない。安倍内閣が「官製春闘」を行い，民間企業に対して賃上げ要請を行う理由は，左寄りの政策で支持層を拡大したいという意図があり，これが政治的な動きの好きな組合上層部のしらけムードにつながっている。しかし基本にはマクロ状況の異常さがあり，そのもとで「王手飛車取り」の妙手を打ったと解釈すべきだ。プロ棋士なら「王手飛車取り」を打ったほうより打たれたほうに問題があると考えるだろう。

> **練習問題**
> 定期賃金が着実に上昇するほうがいいのか，ボーナスでもらえる時にたくさんもらえるほうがいいか，考えよう。

11.3　労働市場改革
：マクロで「できること」ミクロで「できること」

■マクロのタイト化とミクロの規制

第 10 講でも述べたとおり女性労働と子育ての両立は難問だ。ただ労働市

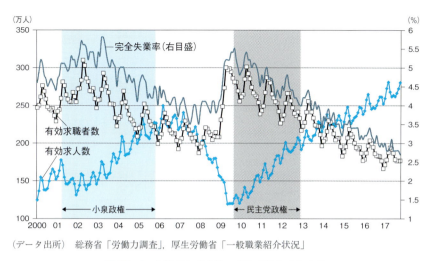

図 11-4　失業率と求人数・求職者数と政権交代

場はタイト化の方向に向かっており、さまざまな問題が解消しつつある。まず失業率と求人数の推移を表す図 11-4 を見てみよう。労働規制に関して正反対の政策をとった 2000 年代前半の小泉政権時とその後の民主党政権時で、実は規制緩和も強化もマクロの求人数の増加速度に影響をもたらしているようには見えない。両政権とも、好況期に実質 GDP の増加（内容は違うが）につれて低失業率を達成しているのである（相対的貧困率は小泉政権時のみ下落）。日本経済は「洗面器のカニ」のように、ゆっくりと上昇してゆき、ストンと落ちることを繰り返してきたが、労働市場も同様に動いている。

■ 大学進学率の増加と高年齢者雇用安定法

これはあくまで集計したマクロデータから見える結果であり、図 11-5 で見るミクロの個別の改革は特定のグループに大きな影響をもたらしている。ここでマクロ経済変動の効果を取り除くために、各年齢階層別の失業率から全体の失業率を引いてプロットしてみると、さまざまな政策の効果がわかる。

まず大学進学率の推移と失業率は

11.3　労働市場改革：マクロで「できること」ミクロで「できること」　　171

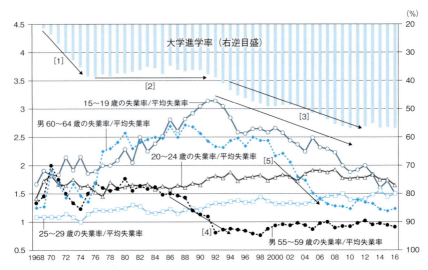

図 11-5　制度的要因と世代別失業率の相対的推移

［1］　石油危機の 1973 年まで大学進学率は単調増加している。

このグループは 1955 年生まれまでの人々であり，2010 年で 55 歳，2020 年で 65 歳を超えていく。

［2］　1974 年から，バブル絶頂の 1990 年まで進学率は 4 割で横ばいだが，
［3］　1991 年より約 6 割まで増加し，専門学校進学を含めて 8 割に達した。

これは人数の多かった団塊ジュニア世代の通過により増加した大学入学定員が，ほぼ固定的なまま残って入学定員が緩んだためである。この時期から若年失業率が相対的に低下していく。このためデータ分析上の大卒の扱いは問題が大きい。言わば学歴インフレに対して，その実質化はなされていない

のである。

次に高年齢者の雇用に関しては

[4] 60歳定年は1986年の高年齢者雇用安定法改正で努力義務，1994年改正で法定義務化し，

[5] 公的年金支給開始年齢の引き上げに対応し，定年後の継続雇用も含む60歳台前半の雇用確保措置については，2000年改正で努力義務化，2006年改正で義務化された。

なお世代間不公平の議論は盛んだが，それを言うなら大学進学率の世代間の違いや寿命や定年時期の違いも考慮すべきだ。またマイクロデータを使った計量分析は①マクロ経済環境の変動と②大卒の増加など母集団の変動に無頓着である場合が少なくない。

■ マクロの椅子の数とミクロの配分

以上で見たように，個別のミクロ政策とも言うべき規制や改革は，マクロの失業率変動を取り除けば，特定階層の失業率へ大きく影響を及ぼしていることが簡単に見て取れる。個別の問題を抱えたすべてのグループを細かく分析する余裕はないが，政策で問題を相対的に是正することは，問題を抱えたグループをピンポイントで区別できれば原理的には可能であると言える。グラフが明快な理由は年齢という区別しやすいものを取り上げているからである。

しかし全体の失業率を規定するのはマクロ経済状況であり，個別の改革は内部の相対的配分を変えるとしても全体への影響は少ない。椅子取りゲームで全体の椅子の数を決めるのはマクロ経済であり，規制緩和や格差是正策によって椅子の配分を変えることができる。

つまり賃金を決定するものは

[1] 大企業セクターにおいては春闘とボーナスからなるシステムでの賃上げさらに我が国の大企業部門は雇用の固定性が強く，それを補うため

> に春闘のような統一的賃金交渉が発達したことは先に強調した。
> [2]　中小企業セクターにおいては労働市場がタイトかどうか
> [3]　個別のグループに対する労働政策においては分類できるかどうか

　椅子の配分だけを変えようとしても，全体の椅子の数が足らなければ，人々は立ち上がろうとせず椅子にしがみつく。このためにも**第10講**で見たように，マクロの労働市場のタイト化を保持することが決定的に重要だ。

　筆者は日本経済の議論は，究極のところ日本企業の雇用慣行に集約されると考えている。ただ日本的雇用慣行を遅れたもの，破壊すべきものというとらえ方をしているだけでは何もわからない。

第12講
政府の役割と財政危機

■政府の役割とは何か。財政の現状はどうなっているのか。財政緊縮は長期的な改善につながったのか。財政危機はどのようなものが予測され，その回避のために何ができるのか，これらの諸問題を考える。

12.1 財政の現状

　1990年代に生じたバブル崩壊への対処は，公共事業を中心とした景気対策を長期化させて大きな政府と財政危機をもたらした。危機意識を高めた小泉内閣（2001〜2005年）は不良債権の最終処理策のみならず，小さな政府のスローガンのもと財政再建路線をとった。本講では政府の役割と財政危機について考える。

　小泉内閣時代には構造改革による歳出削減といった努力がかなり行われたにもかかわらず，実は公需の変化/民需の変化で表される歳出削減速度は1/6であり，当該時期には6兆円民需が増加してはじめて1兆円政府支出が減少しているにすぎない（図12-1）。しかも構造改革路線を推し進めた反動が（リーマンショックを経て）民主党政権（2009〜2012年）につながったため，第2次安倍内閣も必ずしも小さな政府を目指していない（図12-2）。

■ 宴会で考える政府の経済学

　財政危機を考える前に，まず政府とは何か，その選択肢には何があるのか，宴会に例えて考えよう。

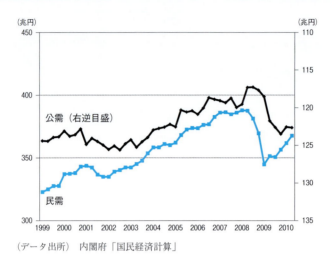

図 12-1　小泉期の歳出削減速度は民需の 1/6

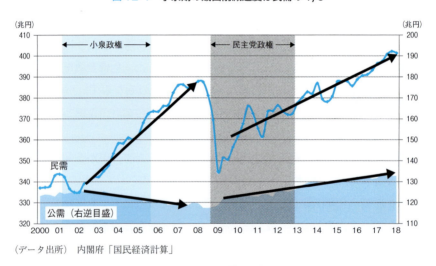

図 12-2　公需と民需

[1]　どの程度の予算規模を考えるのか，これが第一の問題だ。豪華な宴会は言わば大きな政府だ。会費もかかるが，至れり尽くせりで，サービ

表 12-1 宴会で考える政府の選択

[1]	全体の規模とサービスレベル	大きな政府か小さな政府か
[2]	費用負担	税制
[3]	幹事を誰にするか	選挙と政治選択

スも良い。一方，友人のアパートの部屋で一品持ち寄りで，小規模に行う宴会が小さな政府だ。

[2] 宴会の規模は代金，つまり税金にはねかえってしまう。第二の問題は宴会の代金（税金）をどのように集めるかという税制の問題だ。主賓の代金を皆で負担する（公共財の費用負担）となると，いくつかの考え方がありうる。

[3] 第三の問題は宴会の幹事を誰に頼むかという問題だ。通常，幹事である政党は政府の規模や税制について主張を持っている。

[4] 最後に何のために宴会を行うか，つまりなぜ政府が必要かという問題がある。経済学的には政府の役割は大きく2つに分けられる。

  [a] ミクロ経済学的には公共財や外部経済効果，非対称情報の改善，資源配分の調整，福祉政策など所得と富の再分配を行い「市場の失敗」に対応する役割（資源配分機能），

  [b] マクロ経済学的には有効需要管理のための裁量的な財政金融政策が考えられる（景気の安定化機能）。

これらの選択を表 12-1 にまとめておこう。これらの問題を応用ミクロ経済学では，①から④までの登場人物の絡み合いで考える。

- ①プリンシパル（依頼人）かつ②サービスの受益者で主権者たる国民の
- 付託を受けた議会や政治は③監視者であり
- 公共サービスを独占的供給する官僚機構を中心とした政府は④エージェント（代理人）

として登場し，それぞれの関係には複雑な問題が生じる。

たとえば宴会で店に無理な頼み事をしたり，自分だけ高いお酒を頼んでいる人は，政府に何でも甘えて要求することで，典型的なモラルハザードを引き起こしている。一方，監視者が公共サービス独占者と結託して，増税という名でもう少し依頼人に追加の会費を負担せよ，と言うこともある。政府は言わば出入り業者，アパートの管理人であり，主権者たる国民の意向を推量しながら代行して動く，ということをまず確認しておこう。

■ 財政危機の実態

それでは2018年現在，日本の財政はどのような状況なのだろうか。まず押さえておくべきポイントと数字を提示しておこう。

[1] 国の借金はどのくらいか——国の債務には，地方を含めるか，国債のみならず借入金や財政投融資を含めるか，などの問題に応じて，さまざまな計算方法がある（具体的には脇田（2012）p.168*を参照）。国の公債残高は883兆円（2017年度末），国及び地方の長期債務残高は1062兆円（2016年度末）の最悪の状況である。

[2] 誰に借金をしているか——日本国債の95％は国内の銀行や生保経由で買われている。その原資は企業も含めた国民の預金などだから，日本国民が日本国民に借金をしていることになり，また企業と家計を合わせた民間貯蓄はGDP比3割近くある（図12-3）。また10年国債の名目金利が1％を切っていることも多く，デフレの影響もあって先進国の中で名目金利は最低水準である。

2018年度の予算規模は98兆円だが，歳入の33.7兆円は新規国債発行によってまかない，税収は60兆円弱，税外収入は5兆円を見込んでいる。さらに借換債が107兆円弱もあり，巨額の資金調達が必要だ。一方，一般歳出は74兆円，金利利払いなどの国債費が23兆円だ。

支出項目では

＊　脇田成（2012）『マクロ経済学のナビゲーター［第3版］』日本評論社

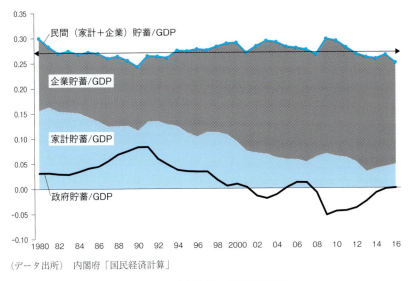

図 12-3 家計貯蓄と企業貯蓄の和

- まずピーク時には 15 兆円近くあった公共事業は 6 兆円弱になり，小泉内閣以降，公的資本形成はかなり削減された。
- 一般財源より追加の社会保障費は毎年 1 兆円弱ずつ増加して 33 兆円である。
- 地方交付税交付金等（15.5 兆円）は地方分権改革の関連で話題となる。
- さらに現状は国債発行による新たな借金増加に加えて，過去の借金の利払いや借り換えなど国債に関する要因が大きい。

■ 「本業」を表すプライマリーバランスと「資金繰り」部分

　財政の状況を表す便利な概念にプライマリーバランス（PB，基礎的財政収支）がある。政府の歳入歳出を「本業部分」と「資金繰り」部分に分け，過去の借金を仮に棚上げできるなら，状況はどうなるかを示すものだ。具体的には国の予算から公債金収入（借金）と国債費を除いた収支を指す。

12.1 財政の現状

表12-2 財政の4要素

	国債関係	PB 構成要因
歳出	[A] 利払い費など国債費 日銀の出口戦略・埋蔵金	[B] 一般歳出 社会保障改革
歳入	[C] 国債発行額 国債未達による危機	[D] 税収 消費増税

歳出＝国債費［A］＋一般歳出・地方交付税交付金［B］
歳入＝国債発行額［C］＋税収等［D］

とすると

プライマリーバランス＝［D］－［B］
あるいは「歳出＝歳入」なので＝［A］－［C］

となる。プライマリーバランスが黒字で，さらに受け継いだ借金（国債費）がなければ，新たに借金をしなくてもよい，という意味だ。資金繰り部分は

- 毎年の借金増加幅であるフローの「新たな借金」である［C］と
- これまで累積したストックの面（「これまでの借金の利払い」）である［A］

に分かれ，状況把握のために，この4項目を使うのは便利である（表12-2）。「本業」プライマリーバランス部分である［B］と［D］においては，

［B］ 社会保障を中心とした一般歳出は歳出カット計画の中心であるし
［D］ 消費増税を中心とした税収の議論が盛んである。

一方，資金繰り部分の［A］と［C］においては，

［A］ 国債費の主なものは利払い費であり，これまでの累積国債発行量に依存する。利払いができなくなった場合，
［C］ 新規発行国債を金融機関は引き受けず，借り換えも不可能となって

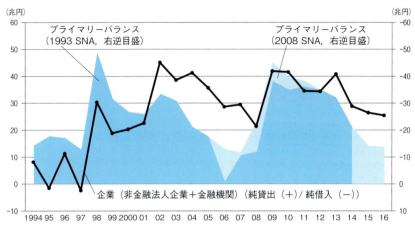

(注) プライマリーバランスは国民経済計算確報フロー編付表 6-1 に基づく。2008 年 SNA 採用時に，公的企業から一般政府への例外的支払を一方的な資本移転として扱わなくしたため，財務リストラなどの要因は反映されなくなり，その結果プライマリーバランスは例えば 2006 年では 12 兆円ほど悪化した形で記録されている。
（データ出所）　内閣府「国民経済計算」

図 12-4　企業黒字を埋め合わせる方向に動くプライマリーバランス

資金繰りができなくなるため，財政は破綻する。

つまり [B] [D] [A] の要因があって，[C] の破綻に至ると考えることができる。

過去の経緯で注意すべきはリーマンショックのような金融危機の影響である。2007 年度から最悪期の 2010 年度まで，プライマリーバランス赤字は（図 12-4 に示されるように大きく改訂されたものの，当時の統計数字では）6 兆円から，34 兆円まで急激に悪化した。これは税収が 15 兆円強減少し，歳出が 18 兆円増加したためだ。中でも法人税は 9 兆円近く減少したが，歳出は総花的に増加した。ただし前述のように，2018 年度一般会計予算で見ると，歳入総額約 98 兆円のうち，新規国債発行収入は 33.7 兆円だ。これに対し，歳出の国債費は 23.3 兆円で，予算の当初の段階でプライマリーバランスは約 10.4 兆円の赤字になっており，改善方向にある。当時の巨額の赤字は

リーマンショック以降の世界的金融不況と東日本大震災の復興費用が大きく影響しており，どの程度ショックが長引くか考える必要があった（図12-4）。

> **練習問題**
> 生活保護の必要性とバッシングについて，送別会を例にして考えなさい。

12.2　急性危機と慢性衰退の区別

財政破綻が生じるとは，内外の投資家が国債を購入しなくなる，つまり，借金を引き受けてくれなくなるときである。危機は

- 本業（PB）部分で生じる生活習慣病のような慢性衰退がいずれ
- ギリシャなどで生じた急性危機（PB以外の資金繰り金融面）をもたらす

のであり「不摂生」と「発作」を区別する必要がある。慢性衰退に関する対応策は日本経済の体質改善である一方，急性危機対応に関しては，短期的には絶対安静であり，この方法は金融面に負担がかかると言われる。

なお第13講で後述する年金の積立方式化は，民間の代理となった政府が貯蓄をして資本を積み立てることを意味する。借金を返せない人に貯金したほうがよいとアドバイスしているようなものだ。日本の現状に照らし合わせて高次元すぎる。

■ 急性（流動性）危機の要因：出口戦略と海外金利暴騰

まず急性危機の危険要因として，2点を考えよう。

第一に日銀の出口戦略だ。現状では日銀が新規国債の7割を購入しており，この点だけを見れば国債のほとんどを外国が保有していたギリシャ型の急性財政危機が生じる可能性は低い。ただし国債価格の下落が危機のシグナルとなるべきであるにもかかわらず，日銀が国債を買い支えて下落を抑えてその機能を封印していること，また異例の金融政策は第6, 9講で挙げた例で言えば借金証文を商品券で返すという，財政金融死なばもろともの政策であり，

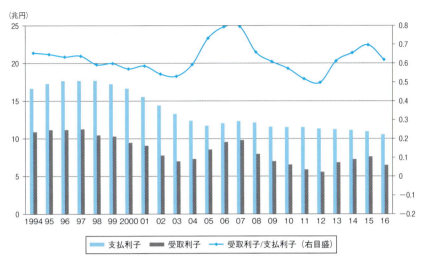

(データ出所) 内閣府「国民経済計算」

図 12-5 政府の受取利子と支払利子

それが持続可能かどうか疑問がある。失敗すれば悪性インフレと名目金利高騰を招くし，また根治手術とも言うべき出口戦略に失敗しても，金利暴騰を招くことになる。

次に危険な場合は，外部環境の急激な変化から起こる発作ともいうべき，海外金融危機の連鎖だ。実は国債は主として海外要因で一時的に暴落したことは何度かあり，その後の影響も長かった。1998年のいわゆる「資金運用部ショック」では1998年10月に0.7%も割り込んでいた長期金利は1999年2月に2.44%まで上昇した。財政危機というと国が停滞し貧しくなって破産するというイメージがあるが，世界景気上昇に伴い世界金利が上昇して，積み上がった債務が重荷になるというメカニズムも危険だ。

ただ国際要因で金利が上昇する場合，日本政府の利子収入や利子所得税が増加することも事実だ（図12-5）。政府の受取利子は支払利子の6～8割あり，利子所得税2割を足せば，ほとんどカバーできる。後述するように政府資産の精査が望まれる。

表 12-3　危険の分類

	過去の事例	危機の分類	処方箋と予防策
外的急性危機	リーマンショック	金融危機	内需重視
内的急性危機	バブル崩壊	金融危機	過剰な金融財政政策をやめる
外的慢性衰退	（長期停滞懸念）	実物危機	資本財中心の産業構造
内的慢性衰退	人口減少	実物危機	少子化対策

■ 急性危機はいつ生じるか

なお急性危機はいつ生じるか，について，誰もが納得する基準があるわけではない。たとえば個人金融資産総額1400兆円から負債を引いた純資産額1100兆円を国債総額が超えると危険であると言われることがある。しかし国内の金融資産はストックで総額2200兆円であり，そのポートフォリオの一環として国債は各種金融機関が分散して保有している。金融機関はさまざまな貸出や資産を保有する中で，資産の一つとして国債を保有しており，個人金融資産だけを「純」概念で取り出して「あと何年」と計算することは意味があるとは思われない。

またフローの貯蓄が政府借り入れに比べて不足するとする破綻論は企業貯蓄を忘れていることが多いのだが，図 12-3 で示されるように民間貯蓄はGDP比3割弱を保っており，年間150兆円近くはある。ただし現状は家計の貯蓄を企業が借りて投資をするという通常の構造が成り立たず，現状の日本では企業が政府に又貸ししている異例な構造になっていることは本書の随所で述べた。

12.3　慢性衰退とフローとストックの誤差

■ 慢性衰退の構造

急性危機の前提として，慢性の体力低下があり，その主因は少子高齢化である。毎年，社会保障費は1兆円増加と言われるが，これは一般会計の数字

であり，特別会計を含んだ総予算額ではもっと増加している。ただし GDP が 2％成長すれば GDP は 10 兆円増加するわけであり，国民経済全体として吸収不可能というわけではない。プライマリーバランスはリーマンショック後には悪化したものの，一時は当時の数字で 6 兆円まで好転している。近年の経緯をまとめると，好景気が続き，経済成長が達成されれば，プライマリーバランスで示される財政状況はかなり好転するが，それでも正の値をとるまでにはいかないこと，さらにリーマンショックと東日本大震災という突発的大事件により悪化したこととなる。

そこで税制改革として，消費税増税と法人税減税の方向性がかねてより打ち出されてきた。このパッケージは基本的な最適課税理論に基づいており，その意味では標準的なものだ。しかしながら日本の現状に即して考えると，いくつかの留保がある。さらに財政運営は精密に行われているわけではなく，予算やバランスシートに誤差を含んでいる。

> ［1］ 景気循環上の税収見積もりを中心とする予算（フロー）の誤差
> ［2］ バランスシート（ストック）の誤差：埋蔵金等の特別会計資産リストラの可能性

に分割して問題点を考えよう。

■ 予算の誤差：税収見積もりの予測誤差と財政急好転の論理

財政を巡る議論は方向性がくるくる変わることが多い。その理由は景気循環上の財政状況の見積もり誤差が大きいからである。税収の状況は大幅に変化することが多く，特に好況初期には予測以上に好転したように見える。この理由は

- 好況初期には企業利潤が上昇して，その後設備投資と人件費に分配される傾向が強く（**第3講**，一方，利払い費はさほど上昇しない)，
- 法人税率は 3〜4 割，所得税率は 1〜2 割だから，好況初期には貯まった企業利潤から高率の法人税が納付される。

実際，法人税は激しく変化することが知られており図 12-6 は，以下の主

図 12-6 税収の推移と企業利潤

立った税の推移を示している。

- 消費税総額（10 兆円程度から 2014 年の増税後 17 兆円程度に）
- 所得税総額（このところ 17 兆円強で推移）
- 法人税総額（1990 年の 18 兆円から 2009 年の 6 兆円まで変化が激しい）

以上で分析したように，財務省の見積もりあるいは租税弾性値は景気循環のプロセスの中で大きく変化し，予測と事態の間にはシステマティックな誤差がある。こういったことが国民の疑心暗鬼を生むのではないか。つまり長期的には

長期税収変化率 ≈ 名目 GDP 成長率
　　　　　　 ≈ 名目利子率 − 1 ≈ 実質利子率 + （予想）インフレ率 − 1

とまとめられるが，短期税収はこの式を超えて変動する。

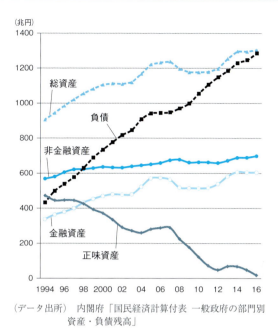

(データ出所) 内閣府「国民経済計算付表 一般政府の部門別資産・負債残高」

図 12-7　公的資産と負債

練習問題

長期的な税収弾性値が 1.1 とする。インフレ率が 2% 上昇した場合、利払い費はどうなるか考えなさい。

■ 政府資産の状況と埋蔵金論争

以上の景気循環上の税収見積もり誤差に加えて、資産やいわゆる埋蔵金の状況にも疑問がある。既に粗債務と（資産を引いた）純債務の差異が先進国平均の 20% 程度を超え、我が国では GDP 近くに及んでいる。図 12-7 は国民経済試算により総資産や債務の状況を表している。以前よりいわゆる埋蔵金騒動があり、特別会計には剰余金があることが示されてきた。ないないと言われてきたが、財源として実際には使われてきている。

埋蔵金生成の主理由は日本政府が大規模な金融業務を併設しているからだ。

12.3　慢性衰退とフローとストックの誤差　　187

> [1] 財政投融資などの公的銀行
> [2] 国民年金，厚生年金などの公的年金
> [3] 為替介入などの言わば公的ヘッジファンド

などに大別される。たとえば外国為替資金特別会計には積立金があり，これは為替介入のため対外証券投資（主として米国債）で110兆円にもなり，その利子収入も大きい。たしかに米国債売却は米国との関係を悪化させるし，円高を招くことは事実だ。だからといって米国債購入は米国への貢物であったり分担金ではないわけで，この積立金を差し引いて，純概念で資産を考えないのはおかしい。さすがに全部の実物資産が処分可能とは考えられないが，図12-5が示すように一般政府は5〜10兆円の利子収入があるわけで政府の資産の665兆円のたとえば半分程度の金融資産は処分可能だろう。

急性の財政危機に対応するには利払いができるかどうかが鍵だ。出口戦略や世界的な金融危機により金利高騰した場合，債務に金利を支払わなくてはいけない一方，埋蔵金には利子がつく（利子が溜まって埋蔵金になっている側面も強い）。そう考えると金利上昇期に収入をもたらす埋蔵金を認識し，使いやすくしておくことは重要だ。

12.4 財政健全化のために「できること」

■ 法人税減税への留保

財政健全化のために，消費増税が計画されてきた。増税を埋め合わせる経済活性化策として法人減税が計画されてきたが，このパッケージは企業が貯蓄主体となっている現状にそぐわない。

もちろん国際競争という観点から見て，諸外国が法人税率を引き下げる動きに出る以上，その動きにある程度ついていくことはやむを得ないかもしれない。この点は確かに大前提ではあるが，しかしながら法人税とそれを巡る日本企業の現状についてはいくつかの留保があり，これまで述べた企業の貯蓄主体化のもとで，率先して法人税引き下げを行ったからといって，日本経

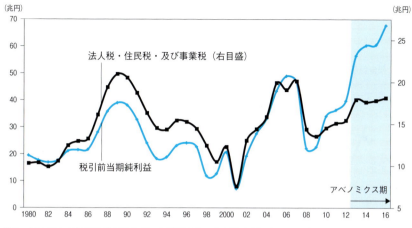

(注) 法人税などは右目盛で見るが、左目盛のちょうど約4割になっている。
(データ出所) 財務省「法人企業統計」

図12-8　法人税減税の結果

済が活性化するわけではなかった。

- もともと好況期には法人税が急増することで、財政が好転する効果が大きく、時にはそれが5兆円にも上る（図12-6）。言ってみれば大きく増収が期待できるのは法人税だけである。その減収分を埋め合わすために家計を中心に他分野での増税が大きく必要となり、その阻害効果は大きい。
- 企業利益が上昇している現状で、法人税減税がなければ、少なくとも4～5兆円の追加増収があり、消費税2％増税分はまかなえるはずである（図12-8）（バブル期は40兆円の税引前利益に対し20兆円の法人税収があったのに対し、現状は70兆円の税引前利益に対し18兆円の税収である。以前のような5割もの法人税率はともかく、もう少し税率維持の余地はあったはずである）。
- グローバル競争が激しくなり企業支援が必要といっても、機械産業など輸出産業の法人税率は租税特別措置等の影響により、かなり低くなって

12.4　財政健全化のために「できること」

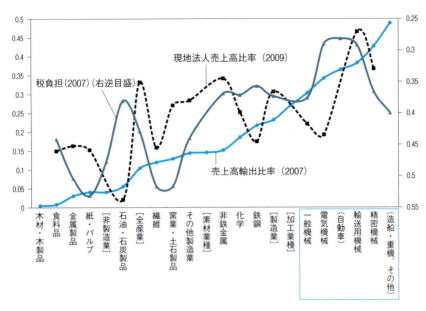

(データ出所) 財務省「法人企業統計」

図12-9 輸出比率と海外比率・税負担

いる（図12-9）。このグラフは法人企業統計の産業別数値から，法人税/(法人税＋税引後利益) で計算したもので，黒字企業・赤字企業が合算される集計値であるという限界もあるが，インターネット上のデータから簡単に計算できるものだ。

● 日本企業による海外企業のM&Aのかなりが失敗に終わっていると報告されるように，法人減税で企業を支援することによってギャンブル的な経営にかえって走らせているのではないか。

日本企業が最適課税理論で措定されているような株主のためにギリギリまで利潤最大化を行っている存在とはとても思えない。たとえば日本の超低金利の現状では銀行借り入れ（負債）を導入して，既存株主に報いることは可能（モディリアーニ＝ミラー定理）だが，銀行の経営介入を恐れてそれはしない。法人税について（最高）税率の引き下げが，結果的に国際競争上やむを

190　第12講　政府の役割と財政危機

得なかったとしても，特別措置の整理や役員報酬の見直し，そして外形標準課税など，一体化した改革が必要だ．また企業アンケート調査が示すように，内部留保の増加や借金返済につながらない策を講じる必要がある．

■ **消費税増税大決戦主義は正しいのか**

消費増税が財政当局にとって安定財源として望ましく，財政学者にとって法人減税が理論的にファーストベストである状況は理解はできる．しかし最適課税理論が想定するようなウ飼のウのような企業，すべてを分配しつくすような企業像が日本の共同体的と言われる企業に当てはまるのだろうか．さらに日本政府はビルトインスタビライザーとなって景気循環の振れ幅を緩和すべき存在に本来なるべきなのに，消費税で安定財源を目指すのは望ましいのだろうか．

人口減少に対応し，社会保障充実の必要があるからこそ，多くの人々が財政危機を懸念してきた．しかし社会保障削減か，消費増税か，という二者択一を迫る議論の誘導は，国民生活をあまりにないがしろにしている．

詳しくは第14講の医療のセクションで述べるが，高額な癌の新薬は財政破綻をもたらし亡国を招くとして，改定時期外での大幅な薬価引き下げという異例の措置がとられた一方，政治力に勝る医師会は余った医療費で診療報酬引き上げを勝ち取った．このプロセスはほとんど報道されておらず，また財政緊縮派が政治力に長けた医師会を非難することはない．国民の２人に１人が癌にかかる現状で，このようなことで国民の支持を得られるのだろうか．

ここまで財政の議論は消費増税という一大決戦にすべてが集約されてきた．

- 稼ぎ頭を切り（法人税減税），
- 借金を肩代わりし（社会保障予算一般財源化），
- リストラ策（資産圧縮・特殊法人改革）は中止し，
- 財産は隠し（総債務と純資産の使い分け）て，
- 未来への投資（子ども手当）はバラマキであるとして少子化対策を非難することで，将来の納税者を減らすためのネガティブ・キャンペーンを張ってまで，

法人減税消費増税を目指すあり方は正しい道とは思われない。理論的な最適課税モデルの帰結とは，少しずつ課税して資源配分の歪みを減らすことだ。

■ マクロ健全化が第一

　危機と言うなら未然の予防策が必要であり，それは結局のところ財政を使わず景気を良くすることだ。日本経済停滞の理由は民間貯蓄過剰という伝統的なケインズ的状況であり，財政危機の理由はその貯蓄過剰による景気の悪化を財政出動で埋め合わせた結果である。

　日本の状況が伝統的な状況と異なっている点は，貯蓄過剰の主体だ。家計ではなく企業貯蓄が増加している。本書の随所で述べたように，企業貯蓄を削減しマクロ経済を活性化しないと，近年の経緯を見ても，結局は財政出動に頼ることになる。

　図12-4が示すように，SNA上の企業（非金融法人企業＋金融機関）と政府のプライマリーバランスはきれいに逆相関しており，他の項目（一国全体（海外）と家計）の変動は小さい。設備投資のGDP比は実は安定しているので，企業貯蓄の独立的な増加からなる下方圧力が，財政出動をもたらしている。

　企業と政府の純貸出／純借入の関係を見ると，ほぼ1対1の関係であり，企業貯蓄削減には所得−消費の乗数メカニズムや投資の誘発などを通した大きなプラスの影響が考えられる。さらに，企業貯蓄増大期にはデフレ傾向も強まっている。その上で将来の納税者を増やす政策とも言うべき，少子化対策を大々的に行うべきだ。

■ 追加の会費を徴収するなら明細が必要

　とにかく財政の状況はわかりにくい。それは当局が情報開示に積極的でなく批判もされないからである。筆者は長年，図12-6のようなグラフを作っているが，そのための時系列データが整理されているわけではなく，毎年一つずつ財政金融統計月報という資料集よりデータを拾っている。また図12-7で示したようにSNAでは未だ公的部門は債務超過となっておらず，現状のピンポイントの数字だけ見れば，総債務1000兆円を強調することとあまりに距離がある。

マクロ経済学の目的は資源の有効活用と言うが，外部から少しでも財政の内実に迫ろうとする努力に対して，全く応えない関係者はいかがなものか。

リーマンショック直後は30兆円ものプライマリーバランスの赤字があり，明らかにそのままでは維持可能ではなかったが，当時と現在は状況は違う。一方で図12-7が示すように現状でも純債務が毎年10兆円程度増加しているし，無理な金融政策でますますギャンブルに走ってもいる。財政は着実に悪化していることは事実だし，今後の予想されるショックを乗り切れるのか心許ない。消費増税についても，今を逃すと果たして2020年の東京五輪後に増税可能なマクロ経済局面がいつ来るのかわからない，という焦燥が影響している。

この状況をわかりやすく誠実に説明せず，財政は危機だから高齢者医療は諦めろ，消費税に反対するものはポピュリズムだ，と言えば，多くの人々に反感を持たれるのは当たり前である。**12.1節**の宴会の例で増税は「追加の会費」と例えたが，それを徴収するばかりで，将来のビジョン提示と現状の説明を怠ることは許されない。

■ 誤算：2014年の消費税ショックはなぜ大きかったか

以下では追加的に消費増税と企業の内部留保の関係について述べておこう。2014年の消費増税は年間5兆円，四半期では1兆円強の税収増加を目指したものだが，前回前々回の増税時に比べても大きなショックとなっている。その理由は企業の利益剰余金の積み増し幅が，今回は単一の四半期で9兆円にも上るからである（図12-10，法人企業統計によると，2014年4-6月期は売上高が1.1％増の中，経常利益は4.5％増で，経常利益率は「1954年」以降の最高を記録し，利益額もリーマンショック前を超える水準となった。自己資本比率も40.2％と過去最高だ。それなのに，設備投資は3.0％増にすぎない）。つまり原発性ショック1兆円強に比して，誘発されたショックは9兆円増であり，法人企業統計ではすべての規模別階層で上昇している。また役員賞与でさえ上昇傾向にあった。

ところがこの事態は一般には認識されていない。消費税5兆円増税に対し，2013年度の補正予算も5兆円が組まれていたが，企業収益のダムが資金循

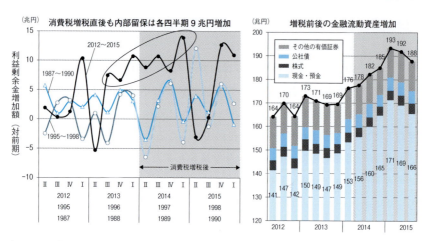

(データ出所) 財務省「法人企業統計季報」

図 12-10　消費税増税ショックと内部留保

環をせき止めたことを，エコノミストの予想など一般的な議論は無視している。

- 駆け込み需要が家計の防衛策とすれば，
- 内部留保増大は企業の防衛策であり，

多くの経済分析は後者を見落としたか，見て見ぬふりをしているのである。

　経済情勢に関する新聞報道を素直に受け取れば，この結果は不思議ではない。企業は最高益で法人税収も増加傾向，しかし家計所得が低迷していれば，その差は内部留保に吸い込まれるしかない。

　現状のままでは収益改善のためという名目で法人税を減税し，その結果企業は内部留保を増やして，利益は家計に還元されず消費は減少，財政出動により景気刺激，企業の収益と内部留保の増加…，といった繰り返しで，いずれ財政破綻という悪循環ルートすら考えられよう。

第13講
人口減少と年金維持

■社会保障とは何か，そしてその手段に何があり，その基本的な考え方はどのようなものか。社会保障の中でも最大の問題である，公的年金の現状とその方式，そして維持のために何ができるのかを考える。

13.1　社会保障の手段
：勤労かベーシックインカムか

　人生にはさまざまなリスクがある。これを国家レベルで助け合おうとするのが社会保障であり，政府の重要な機能の一つだ。日本の社会保障制度は旧社会保障制度審議会によれば，表 13-1 のように 5 分類され，広義の定義ではこれらに恩給，戦争犠牲者援護を加える。
　この社会保障の規模は以下の通りだ。

[1]　2016 年度の社会保障給付費総額は約 117 兆円（前年度比 1.3％増）
[2]　国民一人当たりの社会保障給付費は 92 万 1000 円
[3]　分類すると「医療」が約 38 兆円で割合は約 33％（0.6％増），「年金」が 54 兆円で 46.5％（0.5％増），「介護対策」が 9.6 兆円で 8.2％（2.1％増）

　多くの報道で示されるように，費用総額は増加傾向にある。この背景には少子高齢化がある。高齢化社会の日本における財政再建は，歳出の 3 分の 1 を占める社会保障の制度改革と表裏一体だ。2018 年 5 月に政府が発表した「2040 年を見据えた社会保障の将来見通し」では，2018 年度の社会保障費総額約 121.3 兆円が，2040 年度では 188～190 兆円に上昇すると予測されている。ただし GDP も 790 兆円に増加すると見込まれているので，GDP 比では

表 13-1　社会保障制度の5分類

[1]	社会保険（医療保険，年金保険，労災保険，雇用保険，介護保険）（原則として強制加入）
[2]	公的扶助（生活保護）
[3]	社会福祉（老人・障害者・児童・母子福祉）
[4]	公衆衛生
[5]	医療・老人保健

表 13-2　社会保障の将来見通し

	2015 年	2040 年	（計画ベース）倍率
65 歳以上人口比率	26.6%	35.3%	
65 歳以上人口	3386 万人	3920 万人	1.16 倍
75 歳以上人口	1632 万人	2239 万人	1.37 倍
医療費	39.2 兆円	66.7 兆円	1.70 倍
介護	10.7 兆円	25.8 兆円	2.41 倍
年金	56.7 兆円	73.2 兆円	1.29 倍

（データ出所）　内閣府

21.5％から 24％の上昇にとどまる。医療・介護・年金の3分野で分けると介護の伸びが激しい（表 13-2）。

■社会保障改革の方向性：ワークフェアとベーシックインカム

　生活に困った人をどう助けてあげればよいのだろうか。お金や生活必需品を直接渡したり，仕事を斡旋したり，という選択肢があるだろう。日本の社会保障では企業を中心に相互扶助を行い勤労中心型の社会が形成されてきた。今後の方向については，議論は大きく3つに分かれる。

[1]　社会保障の削減を目指す「小さな政府」
[2a]　勤労促進を通して実現を目指す現物給付・ワークフェアの議論
[2b]　現金給付を通して実現を目指すベーシックインカムの議論

表 13-3　現物か現金か

	究極の形	問題点	労働市場	少子化対策
現物給付	ワークフェア	政府側のモラルハザード（ハコモノ）	就労支援	保育園
現金給付	ベーシックインカム	民間・家計側の不正受給（バラマキ）	失業手当	子ども手当

　小さな政府はさておき，重要なのは勤労中心の考え方だ。失業率が高止まりしていた時期は「ワークフェア」という言葉が聞かれた。福祉の受給条件として，就労義務を（時には強制的に）強調する福祉の考え方だ。言葉自体は新しいが，現金を給付することを避け，公共事業等で就労機会を確保する日本の伝統的な考え方の反映となる。

　勤労重視の真逆の考え方として，ある程度の所得を働かずとも無条件に保障するベーシックインカムの主張も近年は増えてきた。ワークフェアが「働かざるもの食うべからず」なら，ベーシックインカムは人間の権利として最低の所得が必要であり，必ずしも働く必要はないという正反対の考え方になる。この2つの考え方は社会保障のあり方の軸として，現金給付か現物給付かという議論と関連付けられ，バラマキとハコモノという言葉にデメリットは代表される（表 13-3）。

- 現金給付やその極端な形であるベーシックインカムならば，民間の意思が尊重され官業による非効率性は防げるが，給付が流用される危険，つまり民間側のモラルハザードがある。
- 現物給付や就労機会の提供ならば民間側に流用はされないが，官業の非効率性が生じる。

　現金給付による民間側のモラルハザードの存在は明らかだ。現在，生活保護や失業保険には必要がないのに給付を受けているのではないか，という世間の厳しい目がある。さらに官僚や専門家は組織を作り易く天下りや影響力拡大のため，現物給付を好み，たとえば子ども手当のような現金給付にはバ

ラマキだと反対する。しかし若年層を中心にベーシックインカムの人気が高い。ベーシックインカムは生活保護や失業保険とは違って、全員に配られるものなので、世間の視線を心配する必要もなく、また生活のベースとなる収入なので、流用の懸念も弱まるというメリットもある。

全体の方向性として現物給付から現金給付中心に舵を取ることが望ましい。現物給付は特定の利害関係者が声高に必要性を主張し、放っておいてもそちらの方向性に進みがちだから、まず現金給付を基本とし、やむを得ない場合に限って現物給付を認めるという方向性がよい。

今後の方向性を左右するのは AI や IT の進捗だ。IT やマイナンバー制度により、民間のモラルハザードはかなり防ぐことが可能だ。一方、AI や IT が進歩すれば単純な仕事はなくなってしまうと言われている。**第 14 講**の医療のところで述べるように、社会保障の議論は財政重視のコストカッターと現場の専門家のパフォーマンス至上主義に分かれ、コストパフォーマンスを統合的に考える人が少ない。

> **練習問題**
> 自分の暮らしている地域について、コンビニで働いた場合など現状のアルバイト賃金や最低賃金を調べ、生活保護の給付額と比較検討しなさい。

13.2 公的年金の三階建ての構造

■ 賦課方式と積立方式

老後の生活をどうやって支えればよいのだろうか。個人の家計で考えれば、アパートなどを前もって建ててその賃貸収入で（あるいは貯蓄で）暮らすか、子どもの仕送りを期待するか、どちらかになる。この2つの対策を社会全体で寿命の長い人も短い人もプールして行っているのが公的年金だ。

● [A] 若年期の国民が老後のための貯金を国に預け、国がそれを運用した結果、給付を老年期に受け取るシステムである**積立方式**

- [B]「若年期に払い込んだ保険料をそのまま老年期の人々に支払う」システムである賦課方式

　各地にある厚生年金会館や〇〇生命ビルは資産を積み立てた好例だ。ただし日本の公的年金制度は最初は積立方式で始まったものの，現在では事実上の賦課方式になっており，2004年（平成16年）度年金改革ではますますその色彩が強まった。この方法は政府が若い人から集めたお金（保険料）をそのまま老人に分けてしまう（給付）ものだから，高齢化社会になって老人の比率が増えたら，給付がまかないきれなくなる。これが年金不安と言われる問題だ。

　そこで年金保険料率は2017年に18.3％まで引き上げられ，その後は財源が不足すれば給付額を引き下げることになった。このため

- 年金制度は形式的には破綻することはないが，
- 勤労世代が減少すれば高齢者に回る年金はどんどん切り下がる。

■ 二重負担と初期時点

　そこで処方箋として年金の積立方式化が主張されるが，いったん賦課方式になると，途中で積立方式に切り変えるのは困難だ。なぜなら賦課方式では

- 祖父母世代Ⅰは負担を行わず，父母世代Ⅱから移転（仕送り）を受ける。
- 父母世代Ⅱは，子ども世代Ⅲから仕送りを期待する
- ここで子どもは父母の面倒を見たくない（賦課方式から積立方式への移行）と言い出し，積立方式に切り替えると，
- 父母世代Ⅱは祖父母世代の年金をまかなったばかりか，自分の世代の老後のための貯金も積み立てねばならず，この世代だけが二重負担となるからだ（図13-1）。

　このため積立方式への切り替えを主張する人たちも，何十年もの長い期間をかけて国債を発行しながら移行すべきだ，と言っており，国債を償還するためには，結局は増税が必要になるから，どこかの時点で負担が生じること

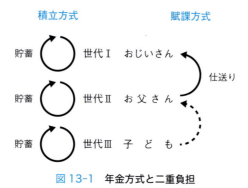

図 13-1　年金方式と二重負担

になる。このような国債償還の負担を世代会計に組み入れ，もう一度計算すれば，結局は似たことになる。

　時として年金の積立方式化には誤解がある。「一国内で稼いだものをどう分けようと同じ」などと言う乱暴な意見があるが，それは誤りである。本来の積立方式は資本蓄積を重視するものだ。先にアパート経営か，子どもの仕送りかと述べた。老人が貯蓄をせず子の仕送りを待つ経済より，各世代がアパート経営を行い自助努力を行う積立方式の経済のほうが資本蓄積は進む。このため抽象的なモデル上では，積立方式化の経済のほうが生産力が増大していることは確かだ。

　ただしマクロ経済の現状は物的資本蓄積がボトルネックとは考えず（**第4講図 4-5**），今後は高齢化が加速してより厳しい状況になる（**第1講図 1-7**）わけだから，大きな二重の負担をもたらす改革案は無理だ。また IT 化など技術の特性から考えても，物的資本を積み立てるよりも，需要供給の同時性を持つサービス的な性質の人的資本蓄積の役割が大きくなっている。

　なお積立金は 2030 年頃に枯渇すると計算されている。逆に言えば 30 年までに積立金を取り崩して純粋な賦課方式に移行するということになり，年金は破綻というわけではないが，少子高齢化の状況を受けて，ひたすら給付は切り下がるということになる。

■ 年金制度の複雑さ

　年金問題は複雑で制度も入り組んでおり，さらに旧社会保険庁の年金記録問題など現場の不祥事は絶えない。まず年金制度はいくつものカテゴリーに分かれており，三階建てだということを確認しておこう。

[1階：基礎年金]　全国民に共通する基礎年金（国民年金）。年度問わずほぼ一定額で40年間加入の満額で年間779300円（2018年度）。国庫負担は以前は3分の1だったのだが徐々に増やし，2009年度から2分の1になった。

[2階：厚生年金]　民間サラリーマンの厚生年金（保険料に応じて年金が増える報酬比例部分）や，公務員などの旧共済年金（廃止されて厚生年金に統一）

[3階：企業年金]　大手企業の一部に設けられている厚生年金基金などがある。月額50万円もの年金をもらっているという人たちがいないわけではないが，それは企業年金の影響が大きい。

　その上に加入していれば個人年金が来るので，一部は四階建てとなる。次に被保険者は職業によって4種類に分けられる。

[第1号被保険者]　自営業者・パート等
[第2号]　民間サラリーマン
[第3号]　民間サラリーマンの被扶養配偶者に加えて
[第4号]　第2号に統合される公務員となる。

　3×4で結局12種類もの同じような名前のカテゴリーがあり，極めて複雑だ。年金の専門家が口頭で話すのを聞いても，普通は理解できない。しかし自分でマトリックスを書いていけば，どうなっているかがわかってくる。たとえば年金未納4割といわれたが，それは国民年金の第1号被保険者の約2200万人のうちの未納者900万人のことだ。もちろんそれは大問題だが，年金加入者7200万人全員に対する4割ではない。

■ 少子高齢化に対する備え

少子高齢化に対する備えとして，優遇すべき順序は

> [1]　公的年金維持に全力をあげることを前提として，
> [2]　賦課方式のための原資確保のための子育て支援
> [3]　自己責任による貯蓄へのリターンと財産所得の復権

であり，その後に

> [4]　経済成長促進のための資本蓄積加速や
> [5]　女性の労働参加

などが来るべきだと筆者は考える。ところが流布している議論は公的年金への信頼を破壊する「瀬戸際戦略」に全力を注いだものか，老化に抗して無理な体力増強を図るものか，どちらかで本当に残念だ。

自助努力を促す金融面の整備は未だしである。一方，公的なシステムが充分な老後の生活を保障するかどうかは今後の人口構成次第だ。これでは国民が不安に思うのも無理はない。かえすがえすも年金の積立方式化で人口減少は乗り切れるなどとの主張で少子化対策を怠ったことが悔やまれる。

> ▎練習問題
> 自分の生まれた市区町村の人口ピラミッドを調べ，全国平均と比較してどのような特徴があるか検討しなさい。

13.3　少子化と家庭の変容

■ 少子高齢化の実態

今後の日本経済を考える上で，大問題は財政悪化・社会保障維持・少子高齢化である。前者の2つの問題は3つ目の少子高齢化の問題から派生しており，迂遠なようでも少子化対策を強力に推し進めるしかない。

地域別には，毎年，1％ずつ人口が減少する地域や，若者人口が10代から

表 13-4 　2065 年の将来推計人口

	2015 年の実績	2060 年の推計値
0 〜 14 歳	1595 万人（総人口の 12.5%）	898 万人（同 10.2%）
15 〜 64 歳	7728 万人（同 60.8%）	4529 万人（同 51.4%）
65 歳以上	3387 万人（同 26.6%）	3381 万人（同 38.4%）

（データ出所）　国立社会保障・人口問題研究所

20 代にかけて 2 割も減少する地域が出現している．毎年 1% 減少すると 68 年で人口は半減，2% では 34 年で半減する．ある程度まで減るとインフラが維持できず加速がつくから，言わば外堀が埋まるように日本全体が地方から衰退してゆくことが予想される．一時の財政関係者のように，人が減れば満員電車が空いてラクになる，などと言っている場合ではない．出生率向上のための政策は急務だ．今の赤ちゃんが大人になるのは 20 年先だから，今の高齢社会の解決にはならないなどと言って，少子化対策は進まず，多くの識者が長期的な動学モデル的視点を見失っているのは残念だ．

まず人口減少という側面から考えよう．

● 国立社会保障・人口問題研究所による日本の将来推計人口（2017 年推計）では 2015 年の日本の総人口は 1 億 2709 万人であった．この総人口は，以後長期の人口減少過程に入る．2040 年の 1 億 1092 万人を経て，2053 年には 1 億人を割って 9924 万人となり，2065 年には 8808 万人になるものと推計される（出生中位推計）．

ただし出生率が若干，回復したこともあり，前回 2012 年推計結果と比較すると，出生中位推計では前回の 8135 万人が今回では 8808 万人へ 673 万人増加しているとともに，人口が 1 億人を下回る年次は前回の 2048 年が 2053 年と 5 年遅くなっている．ちなみに出生数（日本人）は 1973 年の 209 万人から 2015 年の 101 万人まで減少してきた．

● 表 13-4 で示されるように老年人口割合（総人口に占める 65 歳以上の高齢

表 13-5　平均寿命と将来推計人口の予測誤差

	97年時点での95年生まれの実績値	左の予測値	2015年の実績値	実績上昇幅	予測上昇幅	予測誤差
男性寿命	76.36歳	78.39歳	80.75歳	4.39	2.03	2.36
女性寿命	82.84歳	85.37歳	86.98歳	4.14	2.63	1.61
65歳以上老年人口	1828万人	3188万人（74%増加）	3387万人（85%増加）	1559万人	1640万人	81万人

（データ出所）　国立社会保障・人口問題研究所

者の割合）を見ると，2015年現在の26.6%で4人に1人を上回る状態から，出生中位推計では，2036年に33.3%で3人に1人となり，2065年には38.4%，すなわち2.6人に1人が高齢者となる。働き手に対する高齢者の割合は現在の43.8（働き手2.3人で高齢者1人を扶養）から2023年に50.3（同2人で1人を扶養）へ上昇し，2065年には74.6（同1.3人で1人を扶養）となるものと推計される。なお何歳以上が老年という固定的な人口割合のとらえ方が年金賦課方式や高齢社会にそぐわないとも言える。

● 合計特殊出生率（一人の女性が一生涯に産む子どもの数の平均）は2005年には1.26となり過去最低となったが，現在は少し持ち直し1.43（2017年）である。

総人口を維持するための出生率は2.08であり，今の状態が続けば日本の人口は2004年12月の1億2783万8000人をピークに減少するままである。

■ 将来推計人口予測の誤り：最大のリスクファクター

ただし将来推計人口は幅を持って見るべきだ（表13-5）。たとえば平均寿命は1997年1月推計で1995年生まれの男性は76.36歳，女性は82.84歳と推計されている。この97年推計で，2015年には男女共に2歳強上昇すると予測されていたが，現実には予測上昇幅の倍程度の4歳以上上昇した。5年で1歳上昇と考えると，今から60年後に生まれる子どもは人生百年となる。また男性より女性の上昇幅が大きいと外挿的に予測されていたが，実際には

女性の上昇がやや頭打ちとなり，男性の上昇幅が大きかった。2015年の老年人口は3387万人となり，予測値の3188万人より6％ほど上振れしたほどで，あまり当てにならない。

■ 少子化の原因と対策の有効性

少子化対策の必要性を訴えると，「昔は貧乏でも子沢山だった」とか「低開発国では人口爆発している」などと反論される。これらの意見は経済学的な子どもの役割を混同している。子どもの持つ役割は

［a］　かわいいという消費財的側面
［b］　農業労働力となったり，老後の親を養ってくれる資本財（年金）としての生産要素的側面
［c］　私的な便益と社会の便益が乖離する外部性をもたらす公共財的側面

に分類される。近代化に伴い家族経営が解体する中で［b］の直接的な役割は消え，［a］の役割は嫌になれば捨てればよいペットに取って代わられた。そこで私的なインセンティブが減少した結果，［c］の役割が重要視されてきた。

中でも賦課方式公的年金のもとでは，年金給付が社会全体の出生率に依存する一方，子育て負担は個別に費用がかかるため，社会と個人のインセンティブの乖離からなる外部性が生じる。

また家計の希望を聞いたアンケート（出生動向基本調査（2015））を見ても，理想の子ども数（2.32人）は現実に予定している子ども数（2.01人）より多く，また夫婦生活を15〜19年続けている世帯の出生児数の平均（夫婦完結出生児数）は1972年以降2.2人前後で推移していたのが1.94人となり，さらに低いのが実態だ。理想は3人だが現実は2人という組み合わせが55.3％を占め，内閣府「少子化社会に関する国際意識調査」では，その理想が達成されない理由は，子育て費用などにあると回答されている。これらの点を考え合わせると，少子化対策のための公的介入には充分な必要性がある。

■ 3つの少子化対策

何がボトルネックなのか，という観点から，少子化の原因を3分類しよう。

> [1]　結婚相手がいないため，婚活政策が必要
> [2]　仕事が過重で時間が足らないため，働き方改革が必要（現物給付・就労支援）
> [3]　お金が足らないため，子ども手当や教育無償化が必要（現金給付）

まず結婚相手がいないという点から考えよう。先にも述べたとおり，夫婦生活を15～19年続けている世帯の出生児数の平均を夫婦完結出生児数というが，この数値は2005年より減少傾向にある。

実際，2005年の30～34歳の男性の未婚率は47.1％（女性は32％）で半数がまだ未婚の状態であり，50歳の未婚率（生涯未婚率）は80年代以降に急上昇している。もともと日本社会は皆婚社会と言われ，70年代までの生涯未婚率は，男女とも1％台であった。ところが，2005年には生涯未婚率が，男性で15.4％，女性で6.8％に急上昇しているのである。

この点に関して，岩澤・三田（2005）*は出生動向基本調査から，結婚を恋愛結婚とお見合い結婚に分類し，結婚の減少の原因は後者の減少にあることを示している。女子の非正規雇用増加に伴い，社縁結婚が減少したことも，結婚減少の大きな要因であり，見合いと社縁結婚を併せると，ほとんどが説明できるとしている。

近年ではこの風潮がさらに悪く，80年代において少子化の原因は，主として未婚者の増加によるものだったが，90年代以降においては既婚夫婦が子どもを作らない傾向が強まっている。

■ 子ども手当か保育所か：現金か現物か

結婚対策については政府としては「街コン」や「お見合いパーティー」を行うなどの婚活支援などしか方策が考えられず，それ以上の対策は難しい。そこで残る2つの方策だが

＊　岩澤美帆・三田房美（2005）「職縁結婚の盛衰と未婚化の進展」『日本労働研究雑誌』47（1），pp.16-28

- [2] は「時間が足らない」という側面に重点を置き，保育所整備等の現物給付や働き方改革により子育て支援を行うものだ。
- [3] は現金給付に力点を置くもので，以前の「子ども手当」や現在進められている教育無償化につながる。

筆者はできることは何でも工夫して進めるべきだ，という意見だ。たとえば2歳時までの乳幼児の保育には事故も多く，保育所運営にも高額費用がかかるが，現金給付をすれば保育所需要は収まる。また現金給付を行えば，育児時間は全部とは言わないが，ベビーシッター等によってある程度お金で買うことができる。

工夫という意味では，「子どもの貧困」問題もそうだ。貧困世帯はひとり親世帯，中でもシングルマザー家庭が問題の過半を占めるが，離婚後の養育費を受け取っている母親は2割と少ないことが問題だ。しかしここで2つの疑問が浮かぶ。

- 銀行に住宅ローンの取り立てができるのだから，同じ仕組みで養育費の取り立てができないはずがない。金融機関など第三者機関が住宅ローン並みに養育費を取り立てる制度があれば，事態はかなり改善されるのではないか
- 養育費に関する状況が各種アンケート調査等で正確に申告されているのか

つまりこの問題の背景には「払わない」元夫と「払ってもらっていても申告しない」元妻の両面がある。しかしこうした取立てや調査の方法といった実務的な問題が指摘されることは少ない。「話を無視しようとする旧来の家庭観を持つ人」と「話を大きくして福祉重視社会を作ろうとする人」がいるばかりで，具体的にシングルマザー問題を解決しようとしていないのではないか。

練習問題
周りの未婚者に対して，婚活支援としてどのような方策が可能か考えよう。

13.4 やれば「できる」少子化克服

■ 島根県と秋田県

　都道府県別で見ると，全国で最も人口減少が進んだのは秋田県だ。人口減少率は 5.8％ と全国 1 位である。さらに秋田県は出生率（出生数／秋田県総人口）が 5.7 と全国最下位である。一方で高齢化率が 32.5％ と全国 3 位の島根県は，出生率は 8.1 と全国 13 位，合計特殊出生率は 1.78 で全国 2 位と，同じく高齢化が進む県としては秋田県とは状況が異なる。これについて，

- 島根県は子育て対策に力を入れて出生率の改善につながったが，
- 文部科学省が実施する全国学力・学習状況調査の結果が示すように，秋田県は学力に力を入れた。

と指摘されている。少子化対策費用は相対的に出生率の高い地方への所得再分配にもなる。図 13-2 が示すように県別出生率の変化はばらつきが大きい。10 年で 0.3 近くも上昇した島根と，横ばいの秋田で何が違うのか，今後研究

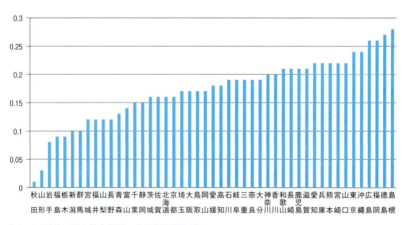

（データ出所）　国立社会保障・人口問題研究所

図 13-2　2005 年から 2015 年までの県別出生率変化幅

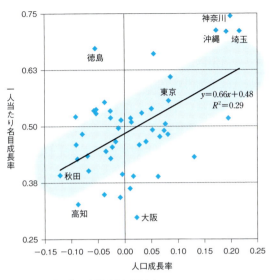

（データ出所）　朝日新聞出版『民力』

図 13-3　県別人口成長率と一人当たり名目成長率（1986-2010 年）

されていくべきだろう。その研究で国と地方のシステムを人口増減に依存するように作り変えるべきだ。

■ 少子化のマクロ経済学

　人口減少対策はもはや間に合わない，という意見もあるが，これは単年度の財政の資金繰りのみを考えている。マクロ経済というものは，将来予想が現在に影響する（フォワードルッキングという）ものであり，出生率が回復してくれば消費マインドや資産価格に好影響は必ずあるが，逆に衰退が予想されれば悪化は加速していき一直線に日本は破滅だ。

　人口と経済成長率は国別のデータを使って，相関がないことが示されることがあるが，それは人口爆発の途上国と停滞した先進国をプールした結果である。我が国の県別データで見れば人口減少は一人当たりの実質経済成長率を低下させている（図 13-3）。まして日本の人口減少は例外的な深刻さであ

り，例外的な人口減少には例外的な政策が必要だ。

　さらに少子化対策は次世代の負担になるとの意見もあるが，それは逆だ。減少する若年人口で高齢人口を支える構造のもとで，支え手が増加すればそれだけ一人当たりの負担は少なくなる。世代間不公平を巡る計算の中で，今後生まれてくる世代は1億円以上財政・年金面で負担が大きいという試算がある。これは逆に考えれば，今後生まれてくる世代は今の現役世代よりも1億円以上政府に余分に税金を支払ってくれることを意味する。端的に言えば，少子化対策で出生数が増加すれば，財政面からも元が取れることになるし，将来世代の一人当たりの負担が薄まることを意味する。つまり最も良い世代間不公平対策は少子化対策であり，これから生まれてくる世代の仲間を増やすことである。

■ 子ども手当こそ成長戦略

　できることはいくらでもある。育児休業給付金（育児休業中に給与が一定以上支払われなくなった場合に，加入している雇用保険から給付金が支給される制度）のような現金給付は人気が高く，結局「子ども手当」が最善だったのではないか。この給付は利用保育施設が見つからない場合に限って最長2歳まで受給可能となるので，わざわざ人気の高い保育施設に申し込み落選して，育休延長を狙う人が現れたほどである。報道では意図的に落選する行動を非難する論調だが，乳幼児への現金給付を欠落させた制度設計のゆがみが根底にある。他にも企業別に出生率を計算し，企業負担の社会保険料に差をつけるなど，いくらでも支援の方法はある。

　もともと失業保険や年金は現金給付なのに，少子化対策だけ現物にこだわるのはおかしい。社会保障維持のためには好況持続が大切であり，子どもへの投資は未来への投資であり，長期的な経済活性化に最も有効な成長戦略だ。

練習問題

① 自分の親戚の子どもの数を数えてみよう。彼らが大人になったとき，子どもの数がどうなっているか検討しなさい。

② 失業手当を現物支給や勤労義務づけに変更することを検討しなさい。

第14講
地方経済の「壊死」と医療介護の疲弊

■衰退する地方経済の基本的問題を人口集積と人口流出パターンという観点から考え，地方経済の中でも重要性を増す医療・介護の問題を医師と患者の情報の非対称性という観点から考える。

14.1 地方経済の壊死

■ 少子高齢化の2つの問題

現在でも，故郷から巣立っていく若者の心情を表したものとして卒業ソングというジャンルがあるが，その昔には民謡調歌謡曲があり，地方から都会へ大きな人口移動があった。少子高齢化問題には大きく分けて2つのさし迫った問題がある。

[1] 高齢者世代の比率が増加し（従属人口増加），賦課方式による年金運営が成り立たないこと，
[2] 人口が全体として減少することにより，集積や規模の経済性（スケールメリット）が逆に働いて，医療・介護における地域包括ケアなどが成り立たなくなり，地域の状況がスパイラル的に悪化することだ。

前者の問題は**第13講**で考察した年金の問題に代表される一方，後者の問題は地域のインフラ負担に代表される。さらに問題は高齢者と若者が集まる地域が分離していくことだ。地方の疲弊の問題ではこの2つが絡み合って，周辺から地域が「壊死」するプロセスが進んでいく。

国土交通省の「国土の長期展望」中間取りまとめ（2011年2月）は「2050

年までに，今の居住地域の約2割が無居住化」すると予測し，市区町村の人口規模別に見ると人口減少率は人口規模の少ない自治体ほど加速化するとしている。また内閣府（2009）の推定では，一人当たり地方政府歳出総額を最小化させる都市人口は約28万人であり，それ以下の人口ではコスト高が進むとした。このため平成の大合併が促進され，1995年には3000以上あった市町村が1718（2018年10月現在）となった。

　このような現状に対して，地方分権改革は立ち消え気味であり，都市居住民の危機感は薄い。最終的に地方は全滅するとしても，東京圏だけが香港やシンガポールのようになればよいという意見さえある。しかし巨大な大陸中国を背景に，英米風のチャールズやリチャードなどといった名前で，英語で商売をする香港の中国人たちに対して，後背地をなくした東京の日本人が太刀打ちするのは難しい。

■集積の経済の逆走

　なぜ少子高齢化を背景とした地方の衰退の問題には市場メカニズムによる自動調整作用が働きにくいのだろうか。その理由は産業や商業集積にスケールメリットがあり，集中すればするほど効率が増すという集積の経済性があるからだ。ここ10数年で盛んになった経済学の分野に立地と産業集積の経済学がある。ラーメン屋さんが一つのところに集まるように，○○街と言われるような商業集積や産業集積がなぜ生まれるのか，そしてどのような影響をもたらすのかという研究だ（藤田他（2000）*などを参照）。集積の経済は収穫逓減を基礎とする基本的な市場メカニズムと逆に働くことが知られている。

　集積の経済性まで考えなくても，固定費用のある場合，普通のミクロ経済学でもU字型平均費用曲線というものを習う。生産量が少ないときはコスト高だが，生産量を増やしていくと低下し，そして生産量が過大になると再びコスト高になるという曲線だ。このU字型平均費用曲線が地方経済に当てはまるとき，残念な予想が思い浮かぶ。まず公的インフラなど地域に不可欠な公共財は最も人々の「頭数」に依存するものだから，人口減少は大きな

＊　藤田昌久／ポール・クルーグマン／アンソニー・J・ベナブルズ（著），小出博之（訳）（2000）『空間経済学——都市・地域・国際貿易の新しい分析』東洋経済新報社

コスト高を招く。次に巨大スーパーマーケットなど規模や集積の経済が最も端的に表れるのが商業施設だ。

この状況は言わば人口減少のもとU字型平均費用曲線を原点に向かって逆走すると言える。規模や集積の経済のもとで，過度な都市間競争を促せば，共倒れとなってしまう。

■ 地方の産業構成と所得：サービス業と公務員

ビジネスの世界には以下の2種類の業種に従事する人々がいる。

[A] グローバル化した製造業など「輸出」中心の「海外」依存の業種と
[B] サービス業や公務員など，ローカルな人々の「頭数」依存の業種

であり，それぞれ国際化論と地域密着型福祉論を主張する。地方では私鉄やバス，スーパーマーケットさらには建設業などを一体的に運営するグループ企業が多く見られるが，その従業員などは［B］グループの主要構成員ということができる。

県別に産業構造を見ると，やはり製造業従事者の多い県は所得が高い。以前は地方経済を考える上で，重要なのは製造業の立地と工場誘致と言われていた。その際には，

● 理髪店のようなサービス業や商店街は住居の近くにある必要があるが，
● 製造業なら在庫を運べばよいので工場の立地には自由度がある

ため，都市間競争が唱えられた。しかしながら無理な工場誘致は失敗が多く，限界がある。なお，サービス業でも各エリア別に地域本社機能があるため，福岡や宮城など各地方の中心となる県はサービス業従事者が多くとも高所得だ。

■ 公的な努力の限界：社会資本の廃棄

結局のところ，巨大な公的移転が地方を支えている。県内総生産に占める公的分野の比率を示すと，40％近くまで達している県もあり，その政府依存度の大きさに驚く（図14-1）。公共部門の大きな県では公務員比率（教員と

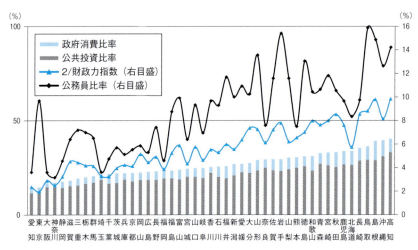

(注) ここでの公務員比率は就業者数に占める警察・教員以外の公務員の割合
(データ出所) 内閣府「県民経済計算」, 総務省

図 14-1 政府依存度に差がある県別比率と公務員数

警察を除いた) が高く財政力指数が小さいという関係がある。

しかし巨大な公的移転を今後増加させることはできない。2014年度の国土交通白書 (国土交通省) は, 高度成長期に集中的に整備した橋やダムなどの社会資本が今後, 急速に老朽化すると指摘しているからだ。2010年度の国と地方を合わせた公共事業費 (推計値, 用地費などを除く) は 8.3 兆円だが, 現状でも更新費 (0.9 兆円) と維持管理費 (3.3 兆円) で 50% を占めている。このまま更新していくと, 2037年度には更新費は 4.4 兆円に増加, 維持管理費や災害復旧費と合わせた額は 8.3 兆円を上回ると試算している。国交省は「今後は社会資本を更新せず, 廃棄するという選択も必要になる」と述べるほどだ。

■ 人口構成と流出パターン

地域格差が大きく叫ばれているものの, 実は賃金の格差拡大はあまり認められていない。47都道府県の県民所得の変動係数は横ばいだし, 中でも賃

金俸給の変動係数はむしろ低下している。この理由は若い人たちが仕事を求めて移動するためだ。一方，高齢者は移動しないので，どうしても若者の集まる地域と高齢者が取り残される地域に二分される。

　この分離の結果，地方では商業地価が大幅に下落している場合が多い。だいたい，地方の 15 〜 19 歳の若者は，5 年後に 1 割が首都圏に流入すると考えるとよい。合計特殊出生率は全国平均で約 1.3 だが比較すると

- 地方は多産（出生率 1.4 程度）だが，分母の若年人口の流出が激しく
- 首都圏は少産だが，分母の若年人口の流入（東京は 4 割増）が大きい

とまとめられる。時として都市部の高齢化が地方より問題になると言われるが，若者が都市に流入して子どもを作らない構造がその背景にある。ただし若者が都市に流入すると言っても 1 〜 2 割であるので，出生率向上策は地方活性化にも有益だ。いずれにしても地方にも政治家はいるはずなのに，目先の公共事業ばかりを要求し，旧来の家族観から少子化対策に反対するなど，筆者にとっては理解に苦しむばかりだ。

> **練習問題**
> 県民経済計算で各県の産業構造の特徴を比較検討し，そして発展のために何が必要か考えよう。

14.2　情報の非対称性から見た医療と介護

■ インサイダーの議論は供給側に集中

　医療と介護は高齢化する国民の一大関心事になっている。医療費の増大は，高齢化による影響が大きい。地方には産業がなく高齢化し，実に人口の 16％が医療と介護従事者となっている県もある（図 14-2）。ところがこの分野の改革の議論は営利か非営利か（公か民か）や，規制体制をどうするかという供給サイドに集中し，利用（消費）者である一般国民の不満や不安に答えていない。たとえば介護については，

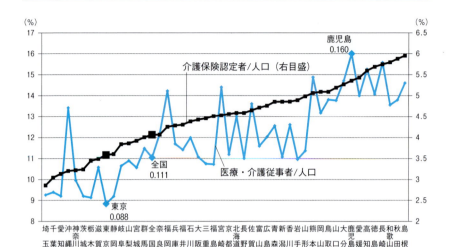

図14-2　医療・介護従事者比率（2012）

（データ出所）　朝日新聞出版『民力』

[a]　規制緩和を求める営利企業側は利潤第一で，**株式会社参入**は不祥事が頻発（コムスン事件・アミーユ事件）
[b]　非営利側は安定第一で，厚生労働省が不祥事に泥縄式で対応してきた結果，**公的規制は複雑化**（介護保険サービスコードは発足時の1760から2万以上に急増）

この結果，介護サービスを代表として社会保障分野は以下の**悪循環**に陥っている。

財政悪化・給付削減　⇒　民の不祥事　⇒　公の規制強化　⇒　民の低収益によるサービス低下・労働者のモチベーション低下

議論をまとめると，民間活用のコスト削減至上主義か，コスト無視のパフォーマンス至上主義かの両極端になっているのが現状で，コストパフォーマンスを総合的に判断していない。一時盛んであった郵政民営化の議論に例

えると，営利非営利の対決はゆうパックで送るかクロネコヤマトで送るか，の問題となる。民営化の主義主張に沿って宅配サービスのブランドを選ぶ人は少ない。要は便利で安価で安全に荷物を送ることができればよいはずである。現状の論争は消費者の好みを反映する市場主義ではなく，経営母体を巡る資本主義か社会主義かといった利用者不在の論争になっており，専門家はどちらかの味方になって立場を決めてしまっている。

■ 良い医者と悪い医者の選択：逆選択

　このような利用者不在の供給者内部の縄張り争い的論争が続く理由は情報の非対称性があるからだ。医者は病気に対して知識を持っているが，患者は医療サービスについて詳しい知識を持っているわけではない。宅配サービスの例で言えば，チルドゆうパックもクール宅急便も高温で荷物が放置されていたという不祥事が生じた。これは運搬時にどのような扱いをされているのか利用者にはわからない，という情報の非対称性があるからだ。

　医療においては，「医者にかかるな」とまで癌に対する治療を批判した近藤誠ブームが生じた。これは良い医療も悪い治療も患者は見分けられないから，結局は治療はしないほうがましだ，という逆選択を意味している。介護面では施設職員による利用者殺人事件が頻発しては，まかせて大丈夫かと，家族の介護離職が増えるのは当たり前である。個別の医者の主張する医療改革案も，総じて言えば良い医者・悪い医者の区別を競争でつけてほしい，というものが多い。

　ところがこうした議論は供給者内部のものばかりである。たとえば研修医の問題は医療従事者内部では議論が激しいが，通常，消費者の関心は最終製品にあり，コックや自動車工がどのような待遇を受け，研修をするかについて関心があるわけではない。また有料老人ホームの選び方について，職員の定着率が施設の良し悪しを判断する指標となるなどと主張されている。現状でこれが便利な指標であったとしても業界の閉鎖性を示している。良いレストランかどうかをコックの定着率では測らない。

■ 患者の過大受診か医師誘発需要か：モラルハザード

　医療費増大の理由は，軽い病気でも受診する患者が悪いのか，高価な治療を意図的に長く行う医者が悪いのか，問題となってきた。これらは医療保険下で直接患者が費用を払わないために起こるモラルハザードである。よく病院の待合室が老人サロン化して，何でもかんでも医者にかかるから，医療費がかかるなどと言われることがある。しかしこれはおかしな話だ。老人の患者に選択肢はあまりない。医者に「また来てください」と言われるからだ。確かに病気になって医者にかかるか，かからないかは，まずは患者の選択である。しかし一度受診すれば，その後は医者の言うことをきかざるを得ない。

　このため患者ごとにかかりつけ医を決めたり，その料金は定額とするなど，各国はさまざまな工夫をしているし，我が国でも初診料と再診料を調整している。受診を促進するなら，初診料の患者自己負担は少なめにするべきだし，医者が治療を引き伸ばしているならば，再診料は低く抑えるべきだ。

　医師が自らの診断で医療サービスを増やしてしまうことを医師誘発需要という，我が国のような出来高払いの診療報酬制度のもとで促進されやすい。大学医学部の新設が認められにくい理由は，この医師誘発需要を厚生労働省が恐れ，また医師たちも利権を守りたいためだ。

　ただし日本の医師誘発需要の存在について，分析の結果は割れている。個別の分野では問題が多く指摘されている。日本のCT（コンピュータ断層撮影）保有数や睡眠・鎮静剤消費数は世界最多である。一方で図14-3が示すように歯科医師の増大のもとであっても，歯科医療費総額は横ばいであり，これは予防の普及によるものと思われる。このように，どのような分野でも医師が需要を誘発できるわけではなく，医師数を増加させながら，監視を強化していくことが必要ではないか。

■ 集約化と病院過多：シグナリング

　我が国の医療の特性として小規模病院分立が挙げられ，そこで過剰な高額設備設置の競争をしている。これも情報の非対称性から生じており，良い医療機関であることを示すためのシグナリング行動だと言える。これでは固定費がかかるため，厚生労働省は地域の医療機関が連携して治療に当たる地域

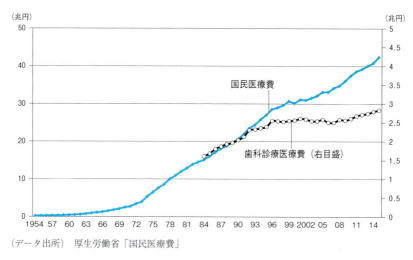

図 14-3 　伸び続ける国民医療費と頭打ちの歯科診療医療費

包括ケアを促進しており，また大規模病院には包括払い制度（DPC）の採用を促している．これらの方策は理想的な条件では悪くはないが，医師数抑制のもとでは地域独占の生成につながるし，DPC では故意に実際と異なった病名をつけて難病奇病の検査をしたと言えば，不正に多く治療費を要求できる．

　治療自体も細分化している．かつては一人の患者が一つの病気にかかり，それを治療するといった医療が想定されていたが，高齢者が増えたことで，身体のあちこちが弱って複数の病気を併発しているケースも多くなっている．一方，予防接種の普及などにより，不可抗力の伝染病蔓延防止の医療から，自己責任を問うことのできる生活習慣病中心の医療へ発想の転換も図らねばならない．

　これまで見てきた情報の非対称性による弊害とそれに対する解決策をまとめたのが表 14-1 だ．

■ 介護のエージェント問題：認定制度とケアマネージャー制度
　介護保険のシステムも情報の経済学の応用問題だ．

表 14-1　医療と非対称情報

モデルの種類	弊害	一般的な解決策
逆選択（情報を持たない患者が行動）	患者の医療不信（近藤誠ブーム）	医師（病院）情報を患者（保険）が共有するITシステム
シグナリング（情報を持つ医師が診察前に行動）	医療側の過剰設備（高額医療機器）	病院集約・治療の相場を作る
モラルハザード	過大受診 過剰診療（クスリ漬け）	医師の処方が適当かどうかを監視するシステム（覆面調査・処方箋のPOSシステム）

- 要介護認定（格付け）を通して、老人の介護の必要度のランクを決め、
- ケアマネージャーと言われるコーディネーター（エージェント）を通して、デイサービスやリハビリなど介護サービスの利用を行う

ことになっている。この両プロセスが必要かどうかについては常に議論はあるものの、本来は医療制度の問題点を克服し、洗練された形で始まったはずであった。ところが不況期に雇用創出のため訓練制度を緩和し、資質を問わず人員を投入したため、現場は混乱している。

　医療では「かかりつけ（総合）医」の育成が叫ばれているものの、現状では医者にかかるのに医療マネージャーを通す必要はない（フリーアクセスと呼ばれる）。ところが介護現場では違う。事実上ケアマネージャーを通さないと何のサービスも利用できない（形式上、利用申請書であるケアプランは自己作成できるが、サービス施設の利用はケアマネージャーを通すことが前提となっていることが多い）。多くの場合、施設丸抱えのケアマネージャーが（制限はあるものの）自社の介護サービスに誘導しており、介護費用については不明朗なことが多い。車椅子の値段など施設を通すと、通販の数倍の値段になっているが、これは公費補助のもと利用者が1割ほどの自己負担を行う金額と、保険を通さない値段との裁定が起こるからである。

　もともと要介護認定は医者の意見が重視され、個人ランクの認定が変更されると大勢の介護サービス関係者が頻繁に集まって介護方針の会議を行う。ケアマネージャー業務は事務能力が高い医者（かかりつけ医）の指示の下で

看護婦や医療事務員が代行できるようにするなど，医療と介護の垣根を取り払うべきだ。あるいは複雑さを増している介護保険の制度を簡略化して，運転免許のように利用者あるいは利用者家族がもう少し簡単に認定を取得できる（あるいは段階性にして簡易ケアマネのような制度を導入する）ようにすべきだ。

> **練習問題**
>
> 　祖父母など親戚に要介護認定者や病気の人がいないか調べ，介護者の苦労を聞いてみよう。その上で医療や介護分野に何を望み，どのような制度が望ましいか，検討しよう。

14.3　地方の福祉で「できること」

■ 情報の非対称性の克服

14.2 節で地方は医療介護従事者の比率が高まっていることを述べた。以上のように，医療と介護の抱える問題は複雑膨大さを増している。団塊世代が75歳に到達する 2022 年度以降，問題は更に深刻さを増す。また，医療の進歩が速すぎて，すべての分野で最新情報を把握していくことは，人間の能力を超えている，とまで言われており，厚生労働省の中央社会保険医療協議会前会長の森田朗氏は驚くべき正直さで「司会をしていても細かいところはわからない」と回顧している*。

　ただし最前線の医療技術について個別に保険適用するかどうかを議論していけば，専門知識を持つ医師側に各個撃破されるのは当たり前だ。医療の「制度」一般の議論とは異なる。

　品質を最終消費者が判断できない（消費者主権が成り立たない）分野で必要な対策は，迂遠なようでも**チェック機能**の強化である。「暮らしの手帖」の商品テストやミシュラン・食べログに代表されるように，家電やグルメ大国

---

*　森田朗（2016）『会議の政治学 III——中医協の実像』慈学社出版

は具体的なチェック機能により品質が高められた。

　米国では私服警官によるおとり捜査が有効とされているように，日本でも新築マンションに内覧のプロがおり，タクシー会社などサービス提供側と利用者の間に非対称情報の強い業種は覆面モニタリングチェックを行っている。このチェック者はミステリーショッパーと呼ばれアルバイトのカテゴリーでもある。医師・病院ならば実績・格付けについて，介護なら施設ごとの要介護度悪化指標（寝たきりは誘導の結果）や退居率をチェックするべきではないか。

　そのような品質評価が存在することで，より丁寧な介護を行うことが評価されて報われるようになれば，介護労働者の「疎外」や介護離職を防止できるのではないか。先に冷蔵宅配便の例を挙げた。高温での放置を防ぐためにとられた解決策は荷物の中に温度計を入れたことだ。最高温度を記憶する温度計があり，高温で放置されれば記憶する。このような工夫は現場で思いつくはずだ。それが回り回って，職場の環境作りになる。

■ 規制「改革」の「改革」

　現場では医師が疲弊しており，過労死までするという。しかし，医師増員を目的とした新規医学部増設に反対し，供給を制限しているのは日本医師会である。疲弊しているのは病院勤務医であり，開業医が多数を占める医師会は開業医の利害を体現しているわけだが，医大の裏口入学や女子入試点数引き下げなど不明朗な体質も含め，もう少し医療従事者内部で改革できないものだろうか。終末期の診療費が過大だと言うが，このような金権体質で社会通念と乖離した医師の判断に安楽死の是非を任せられるのか。

　一方，能力に優れた医師が現場でイニシアチブを取ることによって，介護現場においても効率化が進むのではないだろうか。たとえ医師養成人員を大幅に増やすことが難しくとも，AIの利用やICT化を推進することで，細かな作業の規制は組み替えられる。スマホ診療が解禁されたように，イノベーションを促進する仕組みを形成できるはずだ。患者であっても処方薬の副作用を調べることは容易となっているように，インターネットの発達が情報の非対称性を緩和していることも追い風だ。

第12講でも少しふれたが，癌の特効薬オプジーボは高額すぎるということで，一度決まった薬価を改定期を待たずに途中で引き下げるという異例の措置が取られた。しかし医療費総額には枠があるので，引き下げによって浮いた金額は結局は医師の診療報酬増大につながった。結局，お国のためならぬ財政のために高価な薬品を我慢しましょう，というキャンペーンは，日本発のイノベーションを阻害し，医師の既得権益を強化したことに終わった。国民の半数が，生涯に一度は癌にかかる時代で，このようなことでよかったのだろうか。戦時中に「ぜいたくは敵だ」と言って，振り袖の袖を切って回った婦人会と同じではないか。

　他講で日本経済の問題は企業貯蓄にあると強調した。この企業貯蓄は言わば企業や経営者の延命措置にあたるものだ。一方で高齢者の延命措置は望ましくないとする政府キャンペーンは，これで良いのか。

　本節の冒頭に地方の就業者は医療介護化していると述べた。1人暮らしの高齢者は600万人を超えた（2015年国民生活基礎調査）。危機に対応するために岩盤規制を崩すというスローガンは勇ましいが，崩した後どうするか，を考えられていないことが多い。このため規制緩和の後は「集中豪雨」的に参入が起こり，業界が荒廃してしまった事例が多い。これまでのサムライ（士業）資格（司法改革）や大学院改革などの単純な人数増加策は，専門職の質の低下をもたらし情報の非対称性を促進してきたが，その一方で現状の医師数抑制策は現場の疲弊を招いている。医療・介護の業務と規制体系を見直し，その上での簡素化，効率化を目指すべきであり，最初に予算ありき，従事者の頭数ありきでは，うまくいかなかったときの揺れ返しは大きい。

第15講
日本経済に何をなすべきか

■最終第15講ではもう一度，今後の日本経済について何が必要か，各講の共通要素をまとめて考える。今後の日本経済の衰退を防ぐために，何ができるのか。

15.1 経済政策の誤算

老いる両親のもとで，長男は倹約家だ。公務員なので家計の財政のことばかり言っている。株で勝負したいという次男は金融機関に勤めておりギャンブル好きだ。しかしどうも損をしたみたいだ。未婚の長女は介護ヘルパーだ。両親の世話もよくしてくれる。ただ手順がまどろっこしいし，お金のことはわからない。長男は両親の財産を遺産として残したいし，次男はギャンブルで勝負したい。いずれにせよ両親の老後は救われないので，不満と不安は高まるばかりだ。政策面では倹約かギャンブルか，の議論から，倹約か福祉か，の議論に変化してきたのが，日本の現状だろう。

日本経済を考察するとき，なんと言っても中心は雇用慣行である。今の勤め先にしがみつきたいが離れたい，という労働者のアンビバレンツな感情が日本企業を取り巻いている。しかし経済分析は慣行を前提とするより，何か克服すべきもの，遅れて見て見ぬふりをするものとして扱ってきた。その結果が内部留保増大に見られる企業防衛の行き過ぎであり，銀行を追い出し延命を図る経営者に，外部から対処することは難しくなっている。

経済変動には在庫の短期変動，人口の長期変動とあるが，その間の中期の波はデフレ不況とか「失われた〇〇年」と呼ばれてきた。この波は日本に特

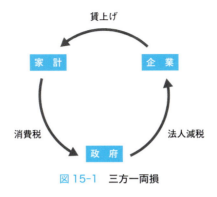

図 15-1　三方一両損

有か,あるいは世界に先がけて日本で生じたのかはともかく,処方箋が確立していない。

　解決策の一つは資金を企業から家計に移し,家計から政府に移すことである。企業には法人減税の代わりにガバナンスの強化か賃上げを迫り,家計には福祉削減か消費増税を迫る。企業は内部留保課税は嫌だから,賃上げにさほど反対はしないし,消費増税には熱心だ。そこで政府のもくろみでは,企業には賃上げ,家計には増税,政府には法人減税,という三方一両損とすることで景気は循環するはずだったと思われる(図15-1)。しかし旧弊でタテ割りの専門家は状況を理解せず,いずれもが不発で,三方一両損が三すくみとなっている。

　このような状況で最終**第15講**ではもう一度,今後の日本経済について何が必要か,各講の共通要素をまとめて考えてみたい。まず考えるべき問題は分析と政策の誤算である。今節では3種類の誤算を考え,後の節で「誤算」を前提に「分析」の問題点と「政策的に可能なこと」を考える。

■ 誤算(1):旧来の「教科書」的日本経済論

　表15-1を見ながら日本経済の動きを振り返っていこう。旧小泉・竹中路線ではわかりやすい市場原理主義的な政策提言が盛んとなった。**第1講**で述べたように不良債権処理のために「成果」で線を引いて不良債権問題を断ち

表 15-1　日本経済簡易年表

```
1988：国際政策協調による過剰な金融緩和
1991：バブル崩壊による不良債権生成
1997：先送り限界により金融危機
2003：小泉・竹中ショックによる不良債権処理
    ▶ 手術に成功したが，リハビリに失敗
2006：安倍・福田・麻生による小康期
    ▶ 世界好況輸出主導も家計に回らず
2008：リーマンショックから民主党へ
2013：第2次安倍政権
    ▶ 世界経済停滞と労働市場高齢化・タイト化
```

切る必要があったためだが，これらの政策（雇用の非正規化の加速・企業の財務基盤強化）の後遺症が大きな問題をもたらしたことは否めない。手術は成功，リハビリは失敗と筆者がかねがね述べてきた通りである。

もともと①完全競争・②完全情報・③一国モデルの教科書的な，旧来の日本経済論が主張してきた処方箋とその結果をまとめると

- 法人税減税など企業支援策を中心とする「成長戦略」は
  　　　　　⇒ 企業貯蓄増加から最終需要増加に結びつかず
- 雇用流動化を中心とする「構造改革」は
  　　　　　⇒ 安定志向の労働者の意に反し
- 年金の積立方式を人口減少対策の中心に据える提言は
  　　　　　⇒ 「二重の負担」のため実行不可能

というものであった。これらは旧来の教科書的正論であるが，ここ20年間の状況を見るとすべてが的外れで議論を混乱させ，やるべきことから目をそらせる役割を果たしたと言える。他方リフレ派の著名な新聞記者によると，世界標準的なマクロ経済学の教科書を読むと

- 貨幣数量説としてリフレ派的考え方が正しい，

と記述してあり，主張に自信を持ったと述べている。この点が複雑な問題を

はらむのは**第9講**で述べた通りである。米国製教科書的な正論が日本経済でなぜこのような結果に終わるのか、という問題は各講で述べた通りであるが、改めて限界を認識しなくてはならない。

■ 誤算（2）：リーマンショックと「構造改革」路線
もともと2000年代の政治変動の経緯を見ると

- グローバル企業関係者の考え方は小泉・竹中構造改革路線に代表されるように、輸出中心、企業利潤中心であることは**第3講**で説明した。エコノミストの景気判断に見られるように、輸出が伸びれば景気が上昇することは間違いないが、内需という二段目ロケットがないと一般の国民生活は豊かにならない。
- リーマンショックを経て、民主党政権が成立したが、内需中心で大きな政府・福祉中心の考え方であった。選挙民は派遣村の惨状から明日は我が身と思えば、大きな政府と福祉国家に賛成するが、その費用のために増税するとなると嫌がり、自民党が政権に復帰した。

　言わば両極端の考え方の間を振れたのである。これらの対立は経済政策理論でいう動学的不整合性の事態を反映したと言える。キドランド＝プレスコットは政策が異時点間で不整合になることを指摘した。例で言えば、危険な川の堤防近くに家を建てることについては、禁止したり、自己責任として助けないと表明すべきだが、いったん川が氾濫したならば先の表明に反して住民を助ける努力をしなくてはならない。

　2000年代の経験における川岸の家にあたるものは、不安定な雇用を伴いつつの輸出主導の高成長である。いったん不況が来たなら市場原理主義的な考え方を貫くことはできなかったし、公的な対策は打たざるを得ない。

　現実にもリーマンショック後に政権交代が生じた。こういった二段階で物事が生じる認識は経済分析にも必要だ。

■ 誤算（3）：アベノミクス3つの誤算と制度的経験的な側面の軽視
　2012年、民主党政権を経て第2次安倍政権が成立した。当初の計画であ

る「三本の矢」については主として**第9講**で説明したが，いくつかの誤算があった．

> ［1］ 異次元緩和政策にもかかわらず，予想インフレ率は高まらなかった
> ⇒ 予想を重視するニュー・ケインジアン型米国モデルにこだわり，日本の春闘とボーナスからなる賃金設定の制度的メカニズムへの理解を政策当局が欠いていた（**第11講**）．
> ［2］ 円安にもかかわらず，輸出数量が増加しなかった）
> 　　　　　⇒ 国内要因だけで，輸出主導型景気循環を理解（**第7講**）
> ［3］ 消費税増税ショックが大きかった
> 　　　　　⇒ 企業の防衛志向を読み誤り，内部留保増大を放置（**第12講**）

以上の誤算を大まかにまとめると，企業部門から家計部門に成果がさほど染み出さなかったと言える．

■ アベノミクスの社会保障志向

そこで当初の「三本の矢」と異なり，安倍内閣は社会保障重視の政策に徐々に変化したことが，賃上げ要請を含めて**新三本の矢**でわかる．

> ［1］ 強い経済：2020年のGDP 600兆円に
> 　　　　　　（女性など雇用拡大や地方創生を本格化して「生産性革命」）
> ［2］ 子育て支援：現在1.4程度の合計特殊出生率を1.8に回復
> 　　　　　　　　　　（幼児教育の無償化，結婚支援や不妊治療支援）
> ［3］ 社会保障：介護離職ゼロに

この分配志向への変容が長期政権を維持している理由であろう．安倍首相の個人的人気が高いというより，野党の支持率が激減して，自民党政権から変わるべき受け皿がないという事情が大きい．以前の自民党が公共事業の配分を軸にして政権を維持したように，今後は社会保障のあり方という問題が浮上してくるだろう．

表15-1を見ながら，もう一度大きくバブル崩壊以降の経緯を振り返ると，不良債権処理のための構造改革路線が経済分析の「正統」「良識」とされた

が，現実にはリーマンショック後の民主党政権で財政出動，アベノミクスで超金融緩和という政策がとられた。筆者は（特に後者には）疑問を持つが，「正統」「良識」派にも柔軟性が欠けたのではないか。

> **練習問題**
> アベノミクスの功罪について考えてみよう。

15.2 経済学的分析の問題点

■ 経済学者の陥穽：一国モデル

前節でいくつかの経済政策上の誤算を説明した。誤算が生じるのは認識や分析に問題があるためだ。中でも経済学者の分析に，日本経済の現実の問題意識や政策の方向性と全く対応していないものがある。その理由は米国の経験と制度的特徴に基づいた経済学のモデル分析を，ローカライズせずそのまま直輸入しているからである（本書は通常の経済学批判に見られるような経済主体の「合理性」や「一般均衡」を大上段から批判しているわけではない）。

本書冒頭で経済学のモデル分析は連立方程式で構成され，原因も結果も複数存在するベクトルであると述べた。そういった事情のためさまざまな変数を扱うことのできる DSGE（動学的確率的一般均衡モデル）や VAR（ベクトル自己回帰）という手法を使って経済学者はモデル分析を行うが，現実には少数の変数を選んで，その相互依存関係を狭く深く分析することになる。もちろん狭く深くという分析も必要だが，この変数の選び方は往々にして米国仕様なので，日本経済の現実に合わない。

中でも国際的側面をすべて捨象した一国モデルを使うことは問題が大きい。普通の感覚では輸出主導や円安株高など海外要因抜きにこれまでの景気変動を考察することはできないが，米国のやり方をそのまま取り入れている経済学者の分析は違う。基本的なモデルでは為替レート変数抜きの方程式体系が実は標準であり，そのため「高度な」はずの分析は，円安抜きで，マネタ

リーベース増大が景気上昇をもたらしたことになったり，米国金融政策変動の結果の為替レート変動が，日本経済の自律的変動と誤認されてしまう。またそれは（閉鎖体系的色彩の強い）米国のお手本通りであるので，学者間では問題とされない。一方で，こうした分析結果を参照している官民エコノミストはもう一つこれらの事情がわかっていないのではないか。

このような問題は随所に見られ，サイクル面で言えば

- 一国モデルを使えば，輸出主導の景気循環は認識できないし
- グローバル市場の変動の影響を無視し，国内政策要因だけで実質金利を決められるという錯覚に陥る。

トレンド面で言えば，財政や社会保障のシミュレーションはグローバル化のもと

- 世界金融市場で決まる実質利子率と各国の実質経済成長率は乖離する可能性がある。中でも日本の成長率は低いが，世界の高成長率を反映して，高利子率になる可能性がある。

もし世界経済が今後高成長なら，積立方式年金だけをとれば高金利のメリットが大きいが，公的債務負担を考えればデメリットが大きい。税制や社会保障のシミュレーションはいろいろなされているが，ほとんどが一国モデルであり，このような事情は全く考慮されていない。実質金利の状況が世界的に2000年代と2010年代で大きく異なることは**第8講**で述べた通りである。

経済学の教育やモデル作成において，いきなり複雑な多国モデルを使うわけにはいかないという事情があるものの，以上の状況は，日本経済の今後に影響する本当に困った問題であり，関係者には是非ともこの点に留意してもらいたい。

■ 動学モデルの性質

一時，シムズ理論として，物価決定の財政理論が我が国で話題になった。この理論も少ない変数を深く掘り下げると，こうした問題があるという意味で注意が必要だ。金融政策と財政政策を組み合わせてポリシーミックスを考

える場合，

- インフレ抑制の金融政策＋収支均衡を図る抑制の財政政策

が通常と考えられるが，そうではない破れかぶれの組み合わせも考えられる。

- 借金を抱えた政府は徴税かインフレ課税かどちらかの策をとる
- 通常の家計には堅実志向の返済しか策がないが
- 政府には実はもう一つの破れかぶれの策がある。それはインフレを起こして，債務を軽減させるという策である。

動学モデルというものは，いくつかの変数の時間を通じた動きを論理的に整合的に表すものだ。この場合，均衡的な動学モデルで一国内でつじつまがあっても，現実でそうとは限らない。モデル分析の現状は合理性を仮定して複雑な状況を読み合うものと，大雑把な判断を是認する行動経済学的なもの，つまり「論理」と「感性」の二極分化しつつある。

■ 計量経済分析の問題点（1）：後追い

なおビッグデータの発展につれて，統計的な証拠に基づいた（エビデンス・ベースド）対策が叫ばれている。もちろんこれは重要なことだし，データの整備は次世代の研究者に有用だ。しかし本書では簡単なグラフと理論で，日本経済を考察してきた。その理由はマクロ経済現象は一回限りであり，たとえば人口減少のデータが揃うのを待っていたら，日本はなくなってしまうからである。計量経済分析の手法の洗練度にこだわるばかり，言わばサイコロを500回振らないとダメだ，と言っているケースが多いのではないか。

統計分析が注目を浴びること自体は有益なことだが，統計的なエビデンスがなければ何もできないということでは困る。誰かが問題意識を持ち，多くの人々の賛同を得て，予算がつけられるから，統計が存在するのであって，数字がそろって分析ができるのを待てば，必ず現実の後追いになる。つまり人口減少が究極まで進まないと分析はできない，ということになりかねない。また見えない選択肢（バウチャー）の効果は測定できないから，新しい政策はすべて前例というエビデンスがないということになり官僚の不作為や責任

逃れを正当化してしまう。

　むしろ新しいデータを作るという発想を大事にすべきだ。揃ったデータと決まった手順で行う研究は「お稽古事」であって，結局，当たり前の結果が出るだけで役に立たないことが多い。むしろデータがない問題に取り組むことが望ましい。**第 10 講**で説明した「不本意非正規」という統計は新しいものだが，このようなデータを取ることによって，非正規 2000 万人が困窮しているという極論が排除された。

■ 計量経済分析の問題点（2）：結果の解釈

　さらに分析に適したデータは企業や家計の特性を整理した形が多く，それでは需要や供給のどちらか一方だけを分析していることになる。この場合，各要因の相互連関は理解できないし，対策は一面的で平板なものとなる。理想を言えば動学的一般均衡のモデルの中で，ミクロ的分析で得られた結果を位置づけるべきだが，日本経済の分析はそのような状況にまだ到達していない。

　また計量経済分析で多用される自然実験の解釈は慎重にすべきだ。**第 11 講**で示したように，ゆっくりと社会規範は変わってゆく。それにつれて個人の判断も変わってゆくものだ。経済理論モデルでは全知全能の経済主体があらゆる情報を駆使して，瞬時に判断を下すことが想定されるが，スーパーの安売り日に反応することとは違い，ノーネクタイやクールビズなどは告知されてから社会全体の慣習の定着までには時間がかかった。効果を見極めるのは，少し待ったほうがよいし，細かく因果関係を特定するより，大きな流れを見たほうがよい場合も多い。

> **練習問題**
>
> 　世の中の大きく変える流れと，繰り返す流行にはどのようなものがあるか考えよう。

15.3 政策的に「できること」と「できないこと」

前節までで既存の分析にシステマティックなバイアスがあり，それが政策の誤算をもたらすことを述べた。しかし分析に問題があるということは，正しい認識で政策課題に当たれば，できることはあるということだ。筆者は企業貯蓄の増大という現状から賃上げ促進と人口減少対策が今後の日本経済に必要不可欠と考えるが，そのためには以下の企業・家計・政府における3つのスラックを活用できる。

［1］第4講で述べた企業の貯蓄主体化
［2］第10講で述べた家計の主婦パートと子育て支援
［3］第12講で述べた政府の内的混乱

それぞれの対策は各講で述べたためここでは繰り返さないが，政策的にできることの共通要因をマクロ的な側面とミクロ的な側面に分けて考えよう。

■ 大決戦主義より予防の経済政策

現在，マクロ経済における議論が細かく純化し，対立が先鋭化している。中でも選択肢を狭く限定していき組織防衛的な政策の議論が多すぎる。一方で現実になされる政策は「本音」と「建前」のクッションがあり，直接，目標をターゲットにするのではなく，間接的に目標へアプローチするビリヤード型と言ってよいかもしれない。まず

- 貨幣増発でマクロ経済全体が好転する，というもともとのリフレ派の議論は先鋭化の好例である。ところがこれらの政策はインフレではなく円安株高をもたらしたため，結果的にバブル崩壊の手痛い体験にもかかわらず，株高から富裕層の消費増というバブル的なルートを新しい金融政策で志向したことになる

地銀を中心として銀行経営が揺らいでいるというが，金融や日本銀行関係者が問題をこじらせた側面が強い。企業が貯蓄主体となっているから，資金

需要はなく金融政策は効果がない、と早くから言っておれば、もう少し手は打てたはずだし、大きなゴタゴタは起こらず、損失は避けられたはずである。しかし日銀や金融業界の存在意義に関わることだから、企業貯蓄について見て見ぬふりをしているのが現状ではないか。他にも

- どのような危機を想定しているのか明らかにもしないし、財政の状況も開示しない。経済停滞をもたらす貯蓄主体の第一は企業であるのに、消費税増税か社会保障削減か、家計負担に集約される財政政策の議論
- 過去の就職氷河期などの影響を指摘することには熱心だが、これからの景気の振幅をなだらかにする努力に対しては冷笑的で、賃上げの努力に対しては、労労対決や労使自治等と言って反対する労働市場の議論
- 若者が可哀想だ、と言いながら、中高年の再雇用・雇用延長を図る格差是正の議論

などに同様の構造がみられる。

マクロ経済はただでさえ広範囲にわたる議論が必要だ。それにもかかわらず、政策の是非を細かく限定し、そこに「本音」と「建前」を使い分けし、統計的事実に見て見ぬふりをすれば、外部の観察者には何が何だかわからなくなってしまう。政府関係者も、特に自己の「所轄」の内情はわかるが、専門外の分野については何が真実か、わからない場合が多いのではないか。せめて経済学者ぐらいは特定の利益集団のあからさまな味方をせず、中立的な分析をするという節度が必要だ。

■ 成長戦略と規制緩和はミクロの制度整備で

「構造改革」や「規制緩和」というスローガンを聞かないことはない。しかしそうした政策には結果的に失敗も多い。第14講で医療・介護に即して、規制緩和論争の帰結を述べた。

- いわゆる市場原理主義に基づく規制緩和や定員拡大の供給拡大策（サムライ資格・司法改革・歯科医師・大学院）を強引に仕掛けるあまり逆選択を招いた

と結論づけていいだろう。むしろ株式市場の上場基準に見られるように

- 市場機能を発揮させるよう監視メカニズムを作成

するほうが大切だ。

　市場メカニズムの大元である株式市場においても，どんな企業でも上場できるわけではない。厳しい審査と最新の監視メカニズムが考案されている。またITの発達により，さまざまな手続が専門家に頼まなくても自分でできることが多くなっている。ユーザー車検や確定申告の本人作成の仕組みを参考に「雛形」や手続き用のWebサイトを作るだけでも，効率化に寄与する。市場メカニズムの利点は消費者の嗜好を供給者が迅速に反映することだ。直接関与するより，土俵を作ること，そのための黒子となる発想が政府には必要なのではないか。

15.4　長期的な政策：イノベーションと分配

■ 人手不足か，シンギュラリティか

　日本の人口は少子高齢化により，今後大きく減少すると見込まれている。一方でAIの発展やIT化により，生産に必要な労働は減少すると見込まれている。今後どちらの要因が大きく影響するか考えることが必要だ。

- 人口減少という労働供給要因が大きいのか，
- 技術進歩という労働需要要因が大きいのか，

両面から考える必要がある。農業従事人口が8割を占めた近世社会から，その割合が現在の総人口比3％未満に大きく変化した経験から，社会環境が変化すれば新たな仕事が作られる，という意見もある。一方，巨大IT企業は米国発であることから考えて，日本発のイノベーションは生じない恐れもある。

　直近の人口構成の難題は団塊世代が人口の大きなコブとなっていることだ。随所で指摘してきたように，

- 年金財政は乗り切れるのか
- 医療・介護費は爆発的に増大しないのか
- 地方は消滅しないのか

　これらの懸念は大きい。費用増大を恐れるばかり，老人ホームの建設は抑制されるなど，事実上，団塊世代退出を見越した政策も多い。

■ ものづくり国家と経営の終焉

　ただし団塊世代退出後の経済では，AIの発展やIT化で仕事がなくなる労働需要面の懸念が大きなものである。いわゆるシンギュラリティ（技術的特異点）とは人工知能が人間の能力を超える事態を指し，論者によっては2045年頃には一般化すると主張する向きもある。このような大がかりな事態がいつ来るかどうかはわからないが，定型的な仕事が徐々に機械化されていくだけでも，充分に衝撃的な事態である。表計算ソフトはソロバン名人を駆逐したし，外国には店員が不要なマクドナルドのハンバーガーの自動販売機もある。将来の労働のあり方は単純な予測を許さない。

　現状の技術進歩はスキル偏向型と呼ばれ，もともと技能を持った人がより有利になる格差拡大的な性質を持つ。足で走るより車を使ったほうが到達する距離に差がつくが，ITを使いこなせる人材とそうでない人材とではさらに大きな差がつく。さらにITを利用して自分の仕事を自分で組み立てられる人とそうでなく指示を待つ人の格差は広がっていくだろう。

　このような社会の難しさは，機会の平等促進策では問題が解決しなくなっていることである。ジャンボジェットの操縦や癌の手術を誰にもチャレンジさせるわけにはいかないし，インド出身の経済学者であるラジャンが指摘したように，誰でも住宅が購入できると謳った米国サブプライムローン問題は大きな災厄を招いた。結果の平等ではなく，機会の平等があればよく，後は個人の努力しかない，という従来の考え方ですら，本当によいのか考える必要がある。

　日本はものづくり国家と言われるように，家電や自動車を中心とした組み立て型製造業が盛んだった。製品を組み立てる場合，一つでもミスがあると

困るので，工場や現場で働く非エリートの労働者を「説得」し状況を「納得」させ，働いてもらう必要があった。それが「経営」だったと言ってもよいかもしれない。

しかしながらIT化による効率化は非エリートをさほど説得する必要がない状況をもたらした。さらにそうした労働者が従事している仕事はより簡単になっている。労働者に技能（スキル）がないというより，高度な作業（タスク）を割当（アサイン）られない，と言ってよい。たとえば一部のマンションにはコンシェルジェと称する受付の人がいるが，米国のドアマンと異なり，書留や宅配便を受け取ってくれるわけではない。これは受付の人に郵便を受け取る能力がないわけではないから，そもそも訓練の対象ではないだろう。彼らがそうした業務を行わないのは余計なクレームや事故を忌避するためか，いずれにせよ経営者は受付業務以外は育成する気がないし，労働者は余計な仕事がないほうが楽だから，考える必要がない。業務について説得・納得するよりも誰でもこなせるよう簡単化の方向に向かっているのだ。ただ簡単な仕事が続き，あまりに便利な社会であれば，これでは労働者が長い目で物事が考えられなくなる可能性もある。

労働者が従事している作業を画一的な訓練で定型化するほど，その作業はITやAIに馴染みやすくなってしまう。将来消える仕事の候補のリストを見ると，機械が直接代替するわけではなく，これまで人に頼んでいた仕事を自分で簡単に代替できるようになる可能性が高いものである。この場合，社会の一体感に大きな脅威になると言えよう。

■ハブ＆スポークシステムで理解する作業二極化

このような作業二極化の状況は空港のハブ＆スポークシステムになぞらえて理解できる。地方から地方へ飛行機で行く直行便が少なくなっている。航空会社が東京など中核都市に発着便を集中させて，いったん東京を経由するようにシステムを形成させているからである。これは中核都市空港の処理容量拡大のためでもある。ITの発展を上司の作業処理能力拡大と考えると，さながら

- ハブ空港のように幅広く処理を行う上司と，
- 指示を受けて単一の作業に従事する部下

に二極分化することが理解されよう。

　このような技術変化の状況を受けて，AIが進歩してBI（ベーシックインカム）が必要になると言われるが，究極的にそうなるまでには過渡期があるだろう。現状は過渡期のシナリオが少ないが，以下では3つのシナリオを考えてみよう。

■悲観シナリオ（1）：すべてがアマゾン化するSF的社会

　まず考えるべきは，一部の人間が仕組みを司り，多くの人間がその支配下に置かれるSF的社会だ。現在でも大手チェーンでは，一部の経営陣と多数の店舗業務従事者に分割しているところが多い。AIはコスト削減，プロセス・イノベーション中心に作用し，ますます現場は効率化するだろうが，多くの人々は意思決定には参加できず，一君万民ならぬIT万民やAI万民スタイルとなると言えよう。

　このシナリオの最大の懸念は「一君」が海外から来ることである。GAFA（グーグル・アップル・フェイスブック・アマゾン）と呼ばれる巨大IT企業は米国で成長したものであり，日本発ではない。米国人がアイデアを考えて，中国人が作るなら，日本の出る幕がないし，技術の変化が日本の（共同体的）風土に根ざしたものでなければ，より社会の軋轢は大きくなる。

■悲観シナリオ（2）：江戸時代の武士のような煩瑣で面倒な社会

　現在のIT社会が便利で効率的かと考えれば，そうでもないように思われる。マネジメントは責任回避のために行われ，ITは無駄な書類を作るために使われている。日本中が責任回避のために，ITで不要な書類にせっせとコピー＆ペーストしていると言ってもよい。

　筆者はIT化でペーパーレス社会がやってくると期待していた。ところが実際に紙をファイルする必要がなくなると，保管場所の制約がなく，無限にモニターに向かって，記入を強制させられているような気がしてならない。

江戸時代の武士は言わば公務員として，煩瑣な作法のもとでワークシェアリングをしている状態にあった。現在でも授業以外に部活や行事，会議や事務作業，さらには保護者からのクレーム処理や生徒へのケアにまで追われている教育現場の過酷さは話題になっている。過渡期においては自分の仕事がなくなると困るため，労働時間を確保しようとビジネス上の煩瑣な礼儀作法を作り，そこに時間を取られるという面倒な社会になる可能性もある。

■ 楽観シナリオ：レンティア国家とプライドの分配

　最後に，楽観シナリオとして，産油国のような資産家国家（レンティア国家という）になることが考えられる。産油国ではありあまる収入を国民に分配するため，主として公務員として国民を雇用することで分配している。

　ただこの場合，平等志向を支えるものとして，

- 目に見えやすい金銭の分配のみならず
- 地位や名誉，言わば**プライドの分配**

をうまく使うことが重要となるだろう。以前の日本は官僚は貧しくとも強大な権力を持ち，企業家は裕福だが権力を持たない，というバランスが取れていた。しかし近年は「勝ち組」という言葉が流行り，金も地位も名誉も独り占めという方向に変化してきた。

　経済学には限界生産力原理という分配原理があるが，規模の経済のもとでは誰がスケールメリットをとるかという問題が生じる。巨大IT会社など誰かがその果実を独り占めすることなく，社会全体に還元して好循環をもたらすことが必要だ。

　技術にはイノベーションとイミテーションの側面がある。多くの企業は従業員が特定の仕事の仕方をまねることで業務が成り立ち，チェーン店はノウハウを供与することでフランチャイズ店が成り立っている。もちろん創始者が発明したとしても，模倣が簡単にできるとは限らないものだ。真面目な日本人は模倣の努力を惜しまなかったため，これまで経済成長してきたと言える。ところがITやAIはファイルをコピーするようにイミテーションをミスなく簡単にした。それを活用したことがIT企業巨大化の理由である。

■ ホームランを打つため三振を恐れるな

　このようなシナリオと技術の特性から考えると，ホームランを打つためには三振を恐れないことが必要となる。ここで反面教師となるのは大学改革である。近年の文部科学省の介入により，研究力が低下し将来はノーベル賞がとれないと言われているが，それは研究者をじっくり考えさせるよりも，忙しく働かせよう，という政策の結果でもある。国内の大学ランクづけや研究の地域還元を強要し，それらの対応に追われて研究時間は足らなくなった。文科省は言わばオリンピックのマラソン選手を育成するよりも，国内で自らが影響力を行使しやすい「駅伝」や「市民マラソン」振興を選んだと言える。

　多くの学者は，一定既存の鋳型に学生を当てはめることが人材育成と考える人たちであり，ビジネスマンは応援するとか，マネジメントするとか言って，事態を面倒にする人たちである。正直言ってイノベーション促進のためには見込みのある人にお金を与えて放っておくしかないが，それは「機会の平等」に反する。日本人の平等志向が今後は裏目に出るかもしれない。

　ただしITにせよAIにせよ，世界中で生産力が上昇することには違いない。その上昇の果実をどうやって家計に還元するかが今後の発展の鍵となろう。

索　引

あ　行

悪循環　216
　　──悪循環ルート　194
悪平等　161
アベノミクス　4
安定成長期　11
安定的な金融政策　12
暗黙のワークシェアリングモード　144

イースタリン仮説　153
イールドカーブ・コントロール　134
育児休業給付金　210
異次元緩和　127
医師誘発需要　218
一国モデル　229
一致・遅行比率　38
一般歳出　180
依頼人　177
インフレ　137
　　──予想　137
　　──率　120

売上　38
売りオペ　135

エージェント　177
エビデンス・ベースド　231
円高恐怖症　114
円高シンドローム仮説　115
円高不況　12
円安株高　125, 137

応援団　5

か　行

大きな政府　176
オークンの法則　34, 68, 71

海外移転　100
会計　65
介護離職　217
皆婚社会　206
外生変数　15
外的ショック　34
外部性　205
格差社会　4, 11, 140, 159
格差是正　233
学歴インフレ　172
過去の負債　169
過剰介入　67
家族手当　152
家庭内貯蓄のバッファー　45
家電エコポイント制度　106
株価　119
株式会社参入　216
株高　63
株主資本等変動計算書の利益剰余金の当期変動額　65
貨幣市場　23
貨幣数量説　226
為替レート　119
官業の非効率性　197
監視者　177
緩和　89

機械　59
機会の平等促進策　236
企業　22

241

企業ガバナンス紛争　126
企業支援策　226
企業貯蓄　34, 66
　──増加　226
　──の要塞化　52
企業別出生率　153
技術革新　58
基礎的財政収支　179
逆所得政策　1
逆生産性基準原理　166
逆選択　217, 234
ギャップ変数　70
急性危機　182
給付の流用　197
教育無償化　206
供給力強化　34
業績連動賞与　60
協調の失敗　22
銀行危機以降　53
銀行主義　87
銀行の銀行　88
金融危機　1
金融市場　118
金融政策　25, 53, 233
金利裁定　131
金利平価式　114

組み立て型製造業　236
繰り返しゲーム　61, 169
グローバル　213

ケアプラン　220
ケアマネージャー　220
景気後退期　42
景気上昇期　42
景気動向指数　37
景気の谷　42
景気の山　42
経済復興期　11
契約の不完備性　61
ケインズ　24
ケインズ型消費関数　69, 166

結託　177
兼業農家　146
現金給付　210
現金需要飽和　127
建造物　59

交易条件　102
交易損失　102
交易の利益　121
交換方程式　94
公共財　205
合計特殊出生率　203
好循環　52, 66
合成の誤謬　3, 22, 39, 52, 165
構成比変動　144, 167
構造改革派　5
構造改革路線　226
公的債務増大　55
恒等式　94
高度成長期　11
高年齢者雇用安定法　172
購買力平価説　81
効率性　66
コール市場　88
国債　128
固定費　38
子どもの貧困　207
コナンドラム　114
個別労働紛争解決制度　154
雇用延長　157
雇用慣行　224
雇用流動化　226
雇用量　165
婚活政策　206
近藤誠ブーム　217

さ　行

サービスの受益者　177
サイクル　70
在庫循環　7
在庫循環図　42
財政悪化　202

財政金融政策　34
財政政策　25, 53, 233
財政ファイナンス　53, 136
最適課税理論　185
財務基盤　1
作業二極化　237
サプライチェーン　122
三階建て　201
産業集積　212

時間軸効果　90
資金過不足　50
資金供給　127
資金需要　138
資金循環表　50
「事後」のモラルハザード　160
資産　187
市場の失敗　177
自然実験　232
「事前」の逆選択　160
自然率　70
下取り利子率　132
失業率　29
実物市場　118
実物的景気循環理論（RBC）　26
資本減耗　28
社会保障維持　202
弱者救済　161
尺取り虫　37
　　──型の動き　69
重企業主義　39
集計変数　20
就職氷河期　156
集積の経済性　212
需給逼迫　154
縮小均衡　3
出荷・在庫バランス　43
需要不足　55
準備預金　88
商業集積　212
条件反射　118
小康期　53

少子化　151
　　──対策　202
　　──トレンド　7
少子高齢化　184, 202
乗数効果　166
消費関数　45, 68
消費財　205
商品価格　120
商品先物市場　116
情報の非対称性　61, 217
将来不安　169
シンギュラリティ　235
人口減少　8, 51
新古典派　24
新三本の矢　228
診療報酬引き上げ　191
信用創造　84

スキル偏向型　236
スタグフレーション　12, 75

成果主義　4
生活給　69
政策モデル　13
生産性基準原理　166
生産物市場　23
生産要素　205
税収　180
税制　177
成長悲観論　32
政党　177
税と社会保障の一体改革　4
世界貿易量　109
石油危機　11
世代間不公平　173
設備投資　56
ゼロ金利政策　88, 89
全快　34
先行遅行関係　15
潜在成長率　32
潜在成長率低下　34
洗面器のカニ　6, 37

索引　243

相互依存関係　15
疎外　222

た 行

大インフレーション　11
大学進学率　171, 172
代替財　149
代理人　177
タックス・ヘイヴン　121
脱成長論　32, 34
建前　4
団塊ジュニア世代　172
短期的な規模の経済　46
男女共同参画社会　152

地域包括ケア　218
小さな政府　177, 196
チェック機能　221
遅延行為　67
地価　8
地方交付税交付金　179
中期　11
　　——の波　7
超過準備　88
長期雇用制　163
長期停滞　108
治療　4
賃上げ　66, 233
　　——決定の三要因　166
賃金　165

通貨危機　83
通貨主義　87
通貨マフィア　83
積立方式　198

低金利政策　82
出口戦略　135, 182
デフレ（デフレーション）　1, 55, 84, 85
デフレ脱却　75
デレバレッジ　61

動学的確率的一般均衡モデル（DSGE）　26
動学的不整合性　147, 227
投資関数　68
同時決定　118
土地神話　8
土地本位制　13
ドナルド・トランプ　119
トリクルダウン　104
ドル化　83
トレンド　70

な 行

内生変数　15
内部留保　103

二重構造　11
二重負担　199
日銀当座預金　128
日銀理論　137
日本医師会　222
日本の将来推計人口　203
ニューケインジアンモデル　93
人数増加策　223

年金の積立方式　226
年金不安　199
年功賃金制　163

は 行

配当　60
ハイパーインフレーション　11
派生需要　71
働き方改革　154, 206
バブル　3, 8, 11, 13, 59, 84, 85
バブル過剰投資期　53
バブル入社組　156
バランス成長期　53

東日本大震災　31
非正規雇用　4, 71, 140
　　——化　150

人手不足観　56
ビルトインスタビライザー　191
便乗リストラ　71

フィッシャー＝テイラー型　118
フィッシャー方程式　111, 112
フィリップス曲線　68, 73
夫婦完結出生児数　206
夫婦控除　152
付加価値　165
賦課方式　199
物価決定の財政理論　230
不本意非正規労働者　146
プライドの分配　239
プライマリーバランス　179, 192
プラザ合意　12
ブラック企業　154, 159
ブラック・マンデー　12
フリーアクセス　220
不良債権　56
不良債権処理　4
プリンシパル　177
分業　22
分配　66
分配重視　4

平成の大合併　212
ベーシックインカム　196, 197
ベクトル　15
ヘリコプターマネー　129

貿易摩擦　12, 103
包括払い制度　219
報酬比例部分　201
ボーナス　166
補完財　149
保険と相互扶助メカニズム　158
保護主義　122
本音　4

ま 行

埋蔵金　187

マイナス金利　1
マクロ経済学　65
マネーストック　86, 89
マネタリーベース　86, 89
マネタリスト　84
慢性衰退　182

未婚化　151

名目金利のゼロ制約　138
名目金利のゼロバウンド　88
名目長期金利　119

ものづくり　103
　　——国家　236
モラルハザード　61, 177

や 行

薬物依存治療　34

有効需要の原理　24
ユニットレーバーコスト　76

良い金利上昇　119
要介護認定　220
予期した在庫　40
予期せざる在庫　40
予算規模　176

ら 行

楽観論　32

リーマンショック　8, 31, 106
利益剰余金　64
離職　222
リスクオン　100
利払い費　180
リフレ派　4
流通速度一定の仮定　95
流動性危機　91
量的　89
　　——緩和　89, 90

連立方程式　20
　——体系　15

労働市場　23
　——のタイト化　154
労働分配率　30, 68
労働保蔵　45, 102, 164
労働保蔵のバッファー　45
老年人口割合　203
労務出資　60
ローカル　213

わ　行

ワークフェア　196, 197

悪い金利上昇　120

欧　字

DSGE（動学的確率的一般均衡モデル）
　26
GNI（国民総所得）　106
IT　150
RBC（実物的景気循環理論）　26
RBC（リアルビジネスサイクル）モデル
　93

著者紹介

脇田　成（わきた　しげる）

1961 年	京都府生まれ
1985 年	東京大学経済学部経済学科卒業
1992 年	東京大学大学院経済学研究科中退　東京大学博士（経済学）
1992 年	東京大学社会科学研究所助手
1995 年	東京都立大学経済学部助教授
2001 年	東京都立大学経済学部教授
2005 年	首都大学東京大学院社会科学研究科教授
2017 年	首都大学東京経済経営学部教授

東京大学客員教授，一橋大学非常勤講師，国家公務員試験出題委員，証券アナリスト検定試験委員，内閣府経済の好循環実現検討専門チーム委員など歴任

主要著書・論文

『マクロ経済学のパースペクティブ』（日本経済新聞社，1998）
『日本経済のパースペクティブ 構造と変動のメカニズム』（有斐閣，2008）
『ナビゲート！ 日本経済』（ちくま新書，2010）
『マクロ経済学のナビゲーター［第 3 版］』（日本評論社，2012）
『賃上げはなぜ必要か』（筑摩選書，2014）
"Efficiency of the Dojima Rice Futures Market in Tokugawa Period Japan," *Journal of Banking and Finance*, 25-3, 535-554（2001）.
"Variety Controlling Public Policy under Addiction and Saturation," *Japanese Economic Review*, 67-1, 125-40（2014, 共著）.
「日本の二部料金的賃金設定ルール――名目賃金上昇の条件」『経済分析』第 191 号，pp.10-34（2016）

ライブラリ 経済学15講［APPLIED 編］ 7
日本経済論15講

2019 年 1 月 10 日 ⓒ　　　　初 版 発 行
2020 年 2 月 10 日　　　　　　初版第 2 刷発行

著　者　脇　田　　　成　　発行者　森　平　敏　孝
　　　　　　　　　　　　　印刷者　杉　井　康　之
　　　　　　　　　　　　　製本者　米　良　孝　司

【発行】　　　　　　　　株式会社 新世社
〒151-0051　東京都渋谷区千駄ヶ谷 1 丁目 3 番 25 号
編集 ☎(03)5474-8818(代)　　サイエンスビル

【発売】　　　　　　　　株式会社 サイエンス社
〒151-0051　東京都渋谷区千駄ヶ谷 1 丁目 3 番 25 号
営業 ☎(03)5474-8500(代)　　振替 00170-7-2387
FAX ☎(03)5474-8900

印刷 ディグ　　　　　　製本 ブックアート
《検印省略》

本書の内容を無断で複写複製することは，著作者および出版者
の権利を侵害することがありますので，その場合にはあらかじ
め小社あて許諾をお求め下さい．

ISBN 978-4-88384-286-5
PRINTED IN JAPAN

サイエンス社・新世社のホームページのご案内
http://www.saiensu.co.jp
ご意見・ご要望は
shin@saiensu.co.jp まで．